オカルト2.0

テリスム史と霊性の民主化

創元社

オカルト2.0
西洋エゾテリスム史と霊性の民主化

目次

m 07

第2章　メスメルの磁気療法とオカルトの転換点

終章

まえがき

私たちの生きている二一世紀は、「近代」が進むべき道を示していた方位磁石が失われた時代だ。二〇世紀の世界大戦と冷戦が一応の終結を遂げた後の世界は、西洋中心の価値観が相対化されたポスト・モダンの時代に入ったといわれていた。非キリスト教文化圏の社会でも、「文明化」が進まない社会でも、それぞれの価値観や習慣を捨てずに「多様性」の名のもとに共生できるという期待が生まれたのだ。けれどもそれは長く続かなかった。経済と資本の力による国境を越えた覇権主義が近代国家や市民社会が立つ基盤を崩したからだ。ポスト・モダンが称揚した自由な「個人」の自己実現といった幻想はかき消されることになった。

その現実を「レトロピア」と分析した社会学者ジグムント・バウマン（一九二五‐二〇一七）の慧眼のことを今さらながら考える。バウマンは「レトロピア」より前に、「リキッド・モダニティ（液状化した社会）」という概念を提唱していた。近代社会では、たとえさまざまな改革や変革によって上にある「建物」が変わろうとも、基盤になる地殻は堅固だったのに、今やその地殻が流動化してもう建物を支えきれないという意味だ。

進歩主義のモダンという高層建築も、ポスト・モダンの多様な集落や一軒家も、同時に足場を失う。世界全体がまさに「液状化」するかのようであり、その中では社会現象を読み解いたり予測したりすることがどんどん複雑で困難になっていった。

その心もとなさを抱えた社会で顕著になってきた傾向をバウマンは「レトロピア」と呼ぶ。トマス・モアの「ユートピア」が理想社会に託す夢という形で五〇〇年も続いてきたのが近代のユートピアだったのに、それがいつしか「未来への帰還（バック・トゥ・ザ・フューチャー）」の流れへと変わっていった。進歩と成長のリレー競争であった西洋近代の「歴史」が少しずつグローバル化した末に社会がノスタルジーへと向かうようになったからだ。

テクノロジーが加速的に進歩するので、人々は、身につけたスキルの市場価値が近い将来に奪われていくと恐れるようになった。安定した身分や階級への帰属感が薄まり、将来の生活の保証も持てないので、先進国の親たちは子供の未来に悲観的になっている。こうして、ユートピアに託される「最終的な完成」という発想がもはや維持できなくなった時、一種の防衛機制として、過去を憧憬《しょうけい》し、修正し、承認し、吸収し、組み入れて志向するものとして出現したものが「レトロピア」と呼ばれる。

レトロピアが集合的記憶を持つコミュニティへの憧れを反映しているといっても、実際の民族や国家に根差した復古的なコミュニティだけではない。世界中の民族や部族神話の神々、怪物、勇者から、天使や悪魔や宇宙人までを自由に取り入れた「メタバース」そのものが、もはや新しいノスタルジー共有の場となっている。

そうやって、歴史的・文化的・科学的整合性などを問題にしない世界に慣れるうちに、それまで宗教の縛りが比較的強かった社会でも、逆に合理主義が徹底した社会でも、いつのまにか「体制」の建前から自由な「多神教的ゾーン」が生まれていた。

これは新しい形の「オカルト」だ。隠れた世界、裏の世界のオカルトが、レトロピア文化における選択肢の一つとして「表」と隣り合うことになった。

例えば、ピラミッドは宇宙人によって創られたという説を信じるという人がいても、それは「魂の不死を信じる」というタイプの信じ方とは違って、「生き方」とは関係がない。「真理」と「現実性」「実用性」が乖離《かいり》しているからだ。そのようなレトロピア現象は、ある時は「退行」であって、ある時は液状化した社会におけるレジリエンス（適応の知恵）だともいえるだろう。

家族共同体や地域共同体の縛りがなくなった状況で暮らす世代であれば、たとえ現実が「ひきこもり」状態でも、ヴァーチャル世界のアバター（分身）としてのアイデンティティで十分な満足感を得ることがある。スマートフォンの登場によって、情報へのアクセスだけは「民主化」しているからだ。

といっても、レトロピアであろうとなかろうと、「多様な生き方」をする個人が有機的に連帯して平和で建設的に共生できるというポスト・モダン幻想はすでに潰《つい》えている。現実に増大するのは、一部の強者が富や権力を求める欲望ばかりで、地球上で、搾取、争い、テロ、犯罪、憎悪などがやむことはない。

そんな世界で、二〇二〇年はじめに、突如として起こったパンデミー（パンデミック）によって、非現実的な隔離、閉鎖が先進国で広く強制されるという出来事があった。移動を含む「経済活動」の多くが停止し、その期間、人々は一種のメタバースが現実に展開するのを目の当たりにすることになった。

幹線道路は閑散とし、観光地にも繁華街にも人が途絶え、大気や水は澄み渡り、静かな町で鳥がさえずり小動物が現れる姿が次々とスクリーンに映し出された。「現実感」が揺さぶられる異界映像が広く共有されることになった。同時に、目に見えないウィルスの恐怖が煽られ、「専門家」による「予言」が修正され続ける出口の見えない不安の中で、自分や地球の未来や将来、運命を知りたいという若者たちが増えたことは不思議ではない。

ヴァーチャルなゲームによって現実逃避をしたり、無数のインフルエンサーらが発信するその場限りの気晴らしを消費したりという日々は、液状化したモダニティで揺らぐ建物どころか、個人がばらばらに流されて溺れていくかのようなものになった。そんな時期に、ともかくも、非対面・非接触のコミュニケーションを実現するコンタクトレス・テクノロジーを通して、自分や世界の未来を志向しようという人々が増えてきたのだ。

オカルトの世界はすでにゲームやアニメやライトノベルなどで消費されていたが、パンデミーの先の見えない闇の中で一筋の光を求めて手探りをしようとする人々にとっては、オカルトこそが、「忘れられた宗教」、「失われた精神世界」への無意識の郷愁と穴を埋めるものとなっていった。それが「オカルト2・0」だ。

時代の空気が、富と力による支配か、逃避・省略・回避・無関心か、という二つに分かれつつある中で、オカルトへの感性は単なる非合理性への回帰ではない。液状化する足場にしがみつくのではなく、共に見上げることのできる空、個人の枠を超えた居場所を「神秘」に求める動きだ。平時に「共通の大義」を模索するのは容易ではない。パンデミーという「共通の不安」から出発して初めて他者と協働する可能性が探られたことになる。

それだけではない。パンデミー下で孤独や鬱《うつ》や葬儀、法事の欠如など、さまざまな問題が出てくることで、霊性の欠如が意識されるようになった。家族に会えぬまま亡くなった高齢者や家族を看取ることができなかった人たちが、今まで忘れていた「死」を前に、古来続いていた霊的な直観、「あの世」とのつながりを新たに取り戻そうとしている。

若者のオカルト2・0だけではなく、順境においては「健康長寿」や「遺産相続」などの「終活」ばかりに目が向いていた高齢者自身の意識も変わらざるを得なくなった。一人ひとりが時間と金をかけて「心と体」をマネージメントすればいいと信じていた人々に、「魂」のレトロピアが見えてきた。ヴァーチャルなメタバースの中でだけ完結するオカルトではなく、魂のレトロピアを通じて実存的な不安から抜け出さない限り、本当の平和は訪れない。どんなに「科学や合理主義」が進歩しても、争いはなくならないしエスカレートさえすると歴史が教えてくれる。

そこから逃避するためにスポーツや暴力やアルコールやドラッグなどへと向かうのが一時的であり解決にならないこともわかっている。既成の宗教や哲学の歴史を敢えて迂回することで、今のオカルトの可能性を問う意義は看過できない。

本書ではその可能性を探るために、秘伝的・難解・深遠だと思われてきた秘教エゾテリスムの歴史を紐解く。

プロローグでは、SBNR（spiritual but not religious）という現象やエコフェミニズムの問題点に注目しながら、キリスト教文化圏で、「スピリチュアリティ＝霊性」について歴史的な変動が起こっていることを見ていく。

第1章では、フランスでの修道院ブームやインフルエンサーの観察を通して、アングロサクソン世界とフランスのオカルトの変遷をたどる。また「カルト的逸脱行為関係省庁警戒対策本部（MIVILUDES／以下、「カルト的逸脱行為警戒対策本部」とする）」の取り組みなどを紹介することで、フランスの「オカルト2・0」現象を明確にする。

第2章では、動物磁気療法で名を成したフランツ・アントン・メスメルとフリーメイスンやイルミナティ、フランス革命とのつながりを紹介しながら、科学とオカルトのはざまで戦い、成功と転落の両方を体験したメスメルの足跡をたどる。

第3章では、ヘルメス文書やフィチーノの新プラトン主義、パラケルススと錬金術・占星術、神智学とエニアグラム、パーマカルチャーとエリファス・レヴィとルネ・ゲノン、魔女とフェミニズムなどを取り上げ、西洋におけるオカルトの歴史を簡単にたどりながら、オカルト2・0について考察を続ける。

第4章では人文科学における「複雑系」のパラダイム転換が、脱構築の「多様性」にあり、ポスト・モダンの相対主義は、今や科学・技術・工学・数学の教育分野まで影響を与えていることを見た上で、その中で脈打つスピリチュアリティにおいて、神やオカルトの占める位置を探り続けることの意味を考える。

さらに終章では、ルネ・ゲノンとユリウス・エヴォラがばらばらだった非西洋の秘教やオカルトを、人類学的な普遍に統合しようとしたこと、西洋と日本でどんな新しいオカルトが生まれたかを紹介し、「オカルト2・0とは何か」という結論に向けて議論を進める。

また第1〜3章の後にコラムを挟んでいる。コラムでは著者がパリで開かれているオカルト見本市「パラプシー」を定点観測することで見えてきたフランスのオカルト事情の変化、日本の占い師とのやりとりの中で感じたことなどを綴っているので、気軽に読んでもらえたらと思う。

今のオカルトが秘めているのは「可塑《かそ》性」だ。一時はカルトやオカルト、超常現象という扱いを受けていた心霊現象なども、二一世紀の最新科学ではすべて「あり得る」ことだとされつつある（超心理学や量子力学などの研究を参照）。オカルトからいったん「離陸」したはずの近代科学が自らの「知の限界」を知ってから、再びオカルトに接近したり、オカルトにインスパイアされたり、オカルトと協働したりする経過を概観する。

また、西洋キリスト教文化圏といっても、ローマ・ギリシャ文化圏に生まれたカトリック世界と、宗教改革で分離したプロテスタント世界、新大陸に渡ったピューリタン世界、共和国主義と政教分離の国、立憲君主国など多様な歴史と文化がある。そこで、それぞれの中でオカルトがどのように醸成したかを観察する。それを踏まえることで、日本の伝統文化とサブカルチャーの間でオカルトがどのように受容され変化したのかが見えてくるだろう。

複眼的な視点なしには、オカルト2・0を「希望」に結びつけて語ることは不可能だ。それは「今、ここ」の不安の解消でもないし、線的な「未来」における欲望達成の「期待」でもない。個々の時や空間を超えて、人と自然が共に育んでいる「全体」を内的に生きる「希望」こそを、オカルト2・0に託してみたい。

プロローグ　SBNRとエコフェミニズム

SBNRと「自分仕様」のアマルガム

二〇世紀末から二一世紀にかけての「キリスト教文化圏」では、「スピリチュアリティ＝霊性」について歴史的な変動が起こった。

ひとくちにキリスト教文化圏といっても、フランスのように「カトリック文化圏」でありながらフランス革命や王政復古などを経て特徴的な政教分離法を二〇世紀初頭に確立した国と、プロテスタントが「建国」したアメリカのような国では異なる。そのアメリカと、カトリック文化圏でありながら、アメリカと同じ「福音派」が急激にシェアを広げたブラジルで、ＳＢＮＲという現象が顕著になったのは興味深い。

ＳＢＮＲとは「spiritual but not religious」の略語で、アメリカやブラジルなどの移民国家では宗教、宗派への帰属が生活に与える影響が多い共同体主義のせいで、宗教の縛りが社会にある分だけ、「宗教ではない」という霊性の自覚の「区別」が必要とされるのかもしれない。両国ではＳＢＮＲの統計研究が進んでいて、二〇一七年の統計(Pew Research Center)では、成人の四分の一、一八歳から二九歳の三分の一がSBNRを自称していると言い、これはその五年前より一〇％も増えているという。

フランスではニュアンスが異なる。王権神授説で中央集権的なカトリック体制が続いた国だったので、それを否定するために徹底した政教分離の後では、宗教帰属に対する共同体の縛りや圧が少ない。

カトリック教会で洗礼を受けたり冠婚葬祭をしたりすることと、毎日曜日にミサに出て共同体の一員になることとは乖離しているのがほとんどで、その点ではむしろ日本に似ている。日本では、明治以来の極端な国家神道の否定の後、江戸時代の檀家制に基づく先祖供養を続けることと、特定の仏教宗派に「信仰」の対象を求めることは一致していないことが多いからだ。

フランス人の多数派も、「自分の宗教」という枠にこだわっていないから、オカルトやエゾテリスムに近づいても世間的なプレッシャーを感じなくても済む。

ある女性の場合を挙げよう。彼女は伝統的なカトリック教育を一通り受けながら六八年五月革命で旧世代と袂《たもと》を分かったベビーブーマー世代の親の元で育ち、これという宗教帰属意識はなかった。三〇代初めに、仕事の上でさまざまな人間関係のストレスから鬱状態に陥り、離職して、人生の意味を求めて、同世代から揶揄されながらも、敷居の低いカトリック教会に顔を出すようになった。

ところが、正攻法で入門を始めると、「罪」の観念と「人間中心＝人間が神の似姿で他の自然を管理する」という考えに違和感を持った(実際は、罪の観念や人間中心の考えは、ユダヤ＝キリスト教がギリシャ＝ローマ世界で体制宗教化していくうちに固定化したもので、「イエスの教え」に付加されたものだ)。

結局、彼女は「占星術」にはまり込んで人生の良好感を取り戻すことができた。「星占い」記事に書いてあることを信じるというものではなく、自分で占星術のテクニックを研究し、ポジティヴな解釈をするようになった。宗教にあるような因果応報的な、運命論的、神のみ旨《むね》の不可知などがなく、星の位置によって運命を読むリテラシーを高めればいいからだ。

フランス人の四一％が占星術を、二九％が手相を、二六％が数秘学を、二三％がカード占いを「信じている」という統計もある（IFOP［フランス世論研究所］調査、二〇一九年）し、フランスの一六歳から二九歳の若者の六四％は死後の世界や天国、地獄、転生を信じているという。前述したように、共同体主義が弱い個人主義の国だから、キリスト教のような伝統宗教の敷居もむしろ低く、キリスト教、東洋宗教、瞑想術、自然魔術、パラサイエンスなどのアマルガム（混合物）の中で「自分仕様」を探るという新しい傾向が進んでいるわけだ。

スーパーノヴァ現象とグノーシス

しかし、アメリカ型社会とフランス型社会の差を超えて、これまでは一部の団体や階層にのみ限られていたさまざまな「術としての霊性」が、二一世紀になってから爆発的に「民主化」したことは人類史初の出来事であり、カナダの哲学者チャールズ・テイラーはこれを「スーパーノヴァ現象」と呼んだ。それまではばらばらに棲み分けられていた霊性の伝統世界が爆発して超新星が生まれたというのだ。その内部では、それぞれが自分仕様にブリコラージュするさまざまな文化や伝統の一部切り取りとモザイクがある。

こうした現代の霊性のアマルガムなあり方について、個々のケースを交えつつ紹介しよう。

オハイオのメソジスト学校神学部教授のリンダ・メルカダンテは、五つのタイプを挙げている。属していた宗教体制や神学と「決裂」した人、宗教典礼の参加は本質的でないが、必要がある時には利用し、必要がなくなれば離れる「消費者型」の人、さまざまな霊性を比較し、新しいものを試すが一つの伝統にこだわらない「観光、または冒険」タイプの人、自分に合った確実な霊性を探し続ける「探求者」、自分の属していた主界の霊性から別のものに乗り換える「移民型」の人という五種類だ。

カテゴリーが重複する場合もある。七〇代半ばのフランス女性モニックは「決裂型」から「消費型」に移った後で「探究者」になった。カトリックの私立学校に通ったが、偽善を感じて教会を離れ、四〇代で、福音派の教会に出入りするようになった。

一九九四年にフランス語訳されたアメリカの大ベストセラーのベティ・イーディーによる臨死体験の本『光に抱かれて』（日本語でも『死んで私が体験したこと——主の光に抱かれた至福の四時間』として翻訳あり）の読書はモニックにとって決定的だった。地獄は存在しない。人は生まれる前からどう生まれるかを知っていて、死ぬ前には生涯を概観して後悔もする。モニックはこの本を読んでから、祈り、「徴《しる》し」を求め、白い光を目撃するようになった。結局、個々の宗教は関係ない、その根っこにあるものが重要で、教会のような「場」にはインスパイアされると認めるスタンスをとっている。

では、既成教会、伝統宗教の発するメッセージはもう届いていないのだろうか。実際、若い世代を中心に、スパンの長い終末論や個人の救済論よりも、エコロジー、環境の危機、動物愛護、自然資源保護などに関する「モラル」が多くの人を惹きつけている。このような現象を前にした神学者たちは、キリスト教における人間の魂についての深い考察の水脈の豊かさと、一般人が抱くキリスト教の表層的なイメージとの乖離を嘆いている。

「探究者」から「移民型」に移った例を挙げよう。無神論者の父とカトリック信者の母を持つアタナーズは五歳の頃から宗教者に興味を持ち、東方正教の神学を勉強するようになった。けれども、「師」と思える人には巡り合えぬままにいたところ、友人からスーフィズムのイブン・アラビーの著作を紹介され、スーフィズムのイニシエーションに興味を持った。

その後、フリーメイスンのイニシエーション（シンボリックな入会儀礼）にも近づき、「既成宗教」の型よりも自由な世界を知る。その後も、すべての「型」を超越する「真」を求め続けながら、自分の道が間違っていないかを判断する基準は、他者への関心、他者への愛に心が開かれているかどうかであり、それが減少するなら誤った道にあると判断し、修正すると決めている。

これらのタイプに共通するのは、自らの「体験」や感性に最も重点を置き、既成の宗教を警戒していることだろう。といっても、実体験に傾き過ぎることが別の苦痛をもたらす場合がある。伝統的な「意味」の語り継ぎをやめてしまった社会で人生の意味を見つけるのは難しいからだ。

社会や周囲との関係も基準もわからないし不安もある。選択肢が多ければ多いほどアイデンティティも分裂する。自分が何者かを知るために自分の信ずるべきものを探し求めなければいけない。

ジャーナリストのナタリア・トゥルイエは今を「紀元二世紀以来最もグノーシス的な時代」だと形容した。民主化した社会ではすべての人が「知識」にアクセスすることができる。しかし、その「知識」は自分の生の意味、自分だけの真実であり他者と分け合うことはできない。それがグノーシスの原理だ。

エコフェミニズムの問題点

そんな時代だからこそ、マーケットが成立する。ネット空間に「霊的インフルエンサー」が跋扈《ばっこ》するのだ。それは美容や健康のアドバイス、世界のレシピ、新月の儀式などから瞑想法やエッセンシャル・オイル、パワーストーンや祈りまで多岐にわたっている。NYタイムズ（21／3／5）は「インスタグラムの空《から》宗教」と銘打って、「我々の新しい信仰システムは政治左派、各種フェミニズム、自己最適化、セラピー、ウェル・ビーイング、占星術にドリー・パートン（カントリー歌手）のごった煮だ」と評した。

新しいスピリチュアリティには新しいリスクが生じる。フランスには政府による各省を横断する「カルト的逸脱行為警戒対策本部（MIVILUDES）」が存在するが、コロナ禍の健康不安の間に健康食品や健康法、コーチングに関するカルト被害・疑念の訴え、届け出が四〇％も増えたという。それはニューエイジ系だけではなく、オリエント宗教、仏教、カトリックの流れにもあり、教育省無認可の学校で実践されているという四歳から一五歳の子供たちを対象にした自己啓発のメソード（手法）までがカルト疑念の調査対象になっている。

若い女性は特に、体制型一神教の伝統における女性司祭登用の拒否などに「女性差別」を見て、そうしたマジョリティとは異なるメンタリティを持ったフェミニズム型スピリチュアリティに惹かれるようだ。新しいカード占いの「オラクルカード」の著者として日本でも知られているレベッカ・キャンベルは、インスタグラムで自らを「神秘家、詩人、クリエイター、母、リチュアリスト（典礼主義者）」と名乗り、「自然は私の教会」、「姉妹愛」と「聖なる女性性」を掲げて「姉妹たちよ、立ち上がれ！」と呼びかけている。

この姉妹愛と女性の聖性はY世代（一九八〇－一九九五年に生まれたミレニアル世代）と呼ばれる女性たちの間でウィッカと呼ばれる「魔女」ブームを引き起こした。「あなたの中の魔女を解放せよ」というキャッチフレーズで知られるウィッチ・フェミニズムのマニフェストは「あなたが女性であり、自分の内面を見る勇気があるなら、あなたは魔女です」というものだ。

一九八二年生まれでY世代に属する女性であるフランスの元教育相マルレーヌ・シアパは男女平等担当国務相であった二〇一九年に、出身地のコルシカ島での「魔除け」儀式が安心感を与えてくれたこと、魔法に興味を持っていることなどを女性誌『Elle』で公言していた。緑の党議員でありエコロジストであるサンドリーヌ・ルソーには、「EPR（新世代原発）を作る男よりも呪いをかける女の方がましだ」などの発言歴がある。フランスでは二〇一七年と比較して二〇二〇年には健康やエゾテリスムに関する書物の出版が七二％増え、女性に関するノンフィクションは一五％増えている。

魔女型エゾテリスムの中では、女性のアーキタイプ（原型）は四種ある。魔女、愛人、アマゾネス、母神の四つであり、ベルギー人のアマラ・クレメルが南仏で始めたエコール・デ・ミステール（神秘学院）では、ネットでこの四つのタイプの無料診断を提供した後、すべてのタイプをカバーする四日間で三五〇〇ユーロという高額のセッションを行っている。

イギリス人のミランダ・グレイは、「赤の周期の力」と称して、女性の月経周期を知的仕事に向いた「少女」期、問題解決に適した卵子（母）期などに分ける「エネルギー調整」を提唱する。これに合わせてスケジュール管理を学んだものにはムーンマザー（月母）三級などの免状を与えている。

これらのエコフェミニズムには、カルト・ビジネスの疑い以外にもいろいろな問題点がある。生き方のエネルギーを「子宮」に回収するなどはむしろアンチ・フェミニズムであるともいえるし、アドバイスに従っているうちに子宮内膜症や子宮癌を見落とした例もあるという。

そもそも、エコフェミニストや治療師の掲げるアルカイックな女性像は、「女性の解放」ではなく別の形で女性をステレオタイプ化している場合がある。性差を否定したり性自認の多様性を認めたりするジェンダー論に明らかに逆行する面も出てくるのだ。

これら、現代の「先進国」における「霊性」の探求は、「東西宗教の智の融合と統一」を希求するというルネサンス以来の伝統に端を発するものだ。危険性や病理もはらんでいる現代のオカルトを理解するためには、西洋の霊性の流れが「文化と教養（哲学、神話学、天文学、心理学など）」へと発展していく中でどのように変容していったのかを振り返る必要がある。歴史的なアマルガムの様子がエゾテリスムという形でたどりやすいフランスの例を挙げながら考察を進めていこう。

第1章

フランス型個人主義とエゾテリスム

仏教と修道院

半世紀近く前、初めてパリの書店に入った時、エゾテリスムのコーナーが充実しているのに驚いた。デカルトの合理主義の国であり、霊的なフィールドは伝統的なカトリック教会が仕切っているというイメージだったのに、ニューエイジの言説がエゾテリスムの名のもとに集まっているのだった。日本では「オカルト」と総称されているようなものがぎっしりと並んでいる。

といっても、「あの世の不思議な物語」や「ストーンセラピー」「数秘学」「守護天使」などのタイトルに並んで「仏教案内」「瞑想法」「ポジティヴエネルギーの増やし方」などが混在している。カトリック系書物を扱う大型店「プロキュール」は、エゾテリスム系書籍を警戒しつつ、エゾテリスム専門コーナーを設けている。一般書店ではスピリチュアリティ、オカルト、宗教、心理学、自然療法などの垣根がどんどん曖昧になる中で、カトリックだけではない伝統宗教に関する書物、神学書、研究書、などが別に分けられている。

二〇二〇年には、宗教コーナーの売り上げが二五％下がり、エゾテリスムコーナーの売り上げは一三％上がった。フランスではエゾテリスム専門書店の四〇〇〇店がネットワークを形成している。通信販売を含めた売れ筋は「臨死体験」「転生」「シャーマニズム」などだが、最近は、読者が自分に合ったセルフメイドのスピリチュアリティを探している傾向がわかるという。

地球は人類みんなの共通の母というエコロジー志向の教皇教書『ラウダート・シ』も、修道院ガイドや巡礼案内と共によく売れているというのが興味深い。

修道院ブームはＷＷＯＯＦ（World-Wide Opportunities on Organic Farms）という有機農法を実践する農場ネットワークの広まりと共に現れた。ＷＷＯＯＦは一九七一年にイギリスで始まり全世界に展開されている（有機農法、自然農法の中には、オカルトのルーツを持つものもある。第3章を参照）。

フランス南部タルヌ県のベネディクト会アン・カルカ修道院は、このネットワークに参加して以来思いもよらぬ多くの人々を惹きつけた。修道士の数は減り、高齢化しているので、若者たちの労働力は貴重だ。多くの若者が修道院内の農場で労働することと引き換えに住まいと食事を与えられる。彼らは「神」を求めてやってくるわけではなく、彼らの「日常」を離れて、別の場所、別の時間を求めてやってくる。

プロフィールは、カトリックの洗礼を受けている者、無神論者、不可知論者、元キリスト信者、仏教徒、イスラム教徒などさまざまであり、いずれも、それまでの生活のしがらみから一時避難して自然の中で自分と向き合うというのが共通したモティベーションだ。同じベネディクト会のヨンヌ県のラ－ピエール－キ－ヴィル修道院には、過去にはフランス人の仏教徒がＷＷＯＯＦを通じてやってきた。

前世紀までのヨーロッパでは一般に、「仏教」は宗教ではなく哲学だと考えられていた。仏教は「超越神」を立てないからだ。二〇世紀のフランス人には、マジョリティだった「冠婚葬祭カトリック」の家庭で育ち、生まれてすぐに洗礼を受けながら、非近代的な「宗教」を否定して無神論者と自称する人がたくさんいた。その中で霊的な価値の探求を捨てようとはしない者が、宗教ではなく哲学だという仏教に入信（つまり「戒」を受ける）する場合もある。

カトリックの修道院は、カトリックでありながら、地域で冠婚葬祭を司る教区と結びついていないので、イデオロギー色のない非営利団体という印象によって、非日常を求める若者たちの受け皿になったのだ。昔からチーズやワインや手作りの農産物による自給自足とそれら製品の販売で経済的に自立していた修道院は、それほどまでにニュートラルな「風景」であったというわけだ。

現在は、フランス人の「仏教徒」の数は二〇世紀末に比べると大幅に減ったという。エキゾティックな「哲学」であったはずの仏教でさえ、今は「体制宗教」だと見なされる傾向にあるからだ。若者たちは、「宗教なしの霊性」を求めているのだが、自分たちが求めているのが霊性であるかどうかの自覚さえないことが多い。

実際、若者たちを受け入れる修道士たちはいわゆる宣教をしたり布教をしたりはしない。もちろん、若者たちがミサや時祷《じとう》（定時の祈祷）に聖堂に集まるのは自由だし、若者たちに自分たちの生き方について話すことはある。彼らは神の声を聞きに来たのではないとしても、そのような場所のそのような暮らし方に人生を捧げた修道士たちの「体験談」を聞きたがり、話に耳を傾けるのだ。

サルト県のソレム修道院ではミサや時祷で歌われるグレゴリオ聖歌の美しさに感動し、イエスの足元に身を投げ出すマグダラのマリア像を見て「回心」して洗礼を受ける若者もいる。一九三八年の復活祭前の聖週間にこの修道院に滞在したユダヤ人不可知論者の哲学者シモーヌ・ヴェイユも、グレゴリオ聖歌の美の中で、詩人ジョージ・ハーバートの詩を口唱している時にキリストに「つかまれた」と証言した。修道院で生涯を祈りに捧げてきた多くの修道士たちの残した霊的エネルギーが、聖歌の中に息づいているのかもしれない。

とはいっても、二一世紀に修道院にやってくる若者たちが求めている「人生の意味」に直球で応えることはたやすくない。彼らの多くが探しているのは、「自分の人生」の意味であって、「意味」とは自分以外の他者との関係の中でしか紡ぐことができないことに気づかせるのは難しい。

修道士にとっては、自分と仲間と自然と他のすべての世界、すべての人々をつないでいるのはキリストであり、キリストの霊性・聖霊だ。修道院を外界のストレスから隔離されたパラレルワールドのようにとらえ、その中で「本当の自分」を探し、見つけて、自己を完成する、自己実現したいというタイプの若者たちが求めている霊性は、修道士たちにとってはとうてい本当の意味での霊性であるとは思えない。

企業が開催するようなアングロサクソン型の自己啓発のコーチングよりは安上がりで健康的だといえるだろうが、修道士たちは若者たちをじっと見守って、まず彼らの話を聞くことに傾注してから話を聴いてもらうことにつなげようとしている。

インフルエンサーとフランス型個人主義

ベネディクト会の男子修道院での有機農法の体験滞在は、基本的に男性を対象としている。女子修道院では、黙想型の滞在提供が主流だ。家族を受け入れる場所もある。女性にとっての「自然回帰」は、修道院型ではなく、エコロジーとフェミニズムが結びついた「エコフェミズム」が中心となっている。

若い女性に顕著だとされるオカルト2・0現象を牽引しているのは、SNS上で活躍する女性のインフルエンサーたちだ。アングロサクソン国の女性オカルト系インフルエンサーには中年女性が少なくないが、フランスでは若い女性が多い。その理由の一つに、冠婚葬祭以外の宗教離れが進んでからの歴史が長いことが挙げられるだろう。

フランスの「共和国主義」が、宗教の帰属というアイデンティティを希薄にして以来、オカルトは文学などのメイン・カルチャーの一端も担っていたから、何代にもわたってオカルトに親しむなど、もともとのハードルが低くなっている。

二〇代で、複数の著作も出している「Tiktokの魔女」と呼ばれる女性には、一四〇万人のフォロワーがいる。ラベンダーと薔薇を乾燥させて固めた「愛のバトン」という香《こう》や、繁栄のロウソク、守護天使のノベナ（九日間の連祷祈願）のロウソク、聖性を高めるオイルなどをかなりの値段でネット通販するブティックも開いて、魔女としての収入で生活できている。

インスタグラムで人気のある四〇歳の女性は、自閉症の娘の世話をするために仕事をやめ、自分でしつらえた祭壇にロウソクを供えて月の満ち欠けに合わせて朝夕黙想したり祈ったりする姿を配信している。すべての人は死後に転生すると信じている。

前述したように彼女はフランスではまれでない「オカルト二世」で、母親もカード占いや占星術に凝っていたので、自分も一四歳の時に、魔術の本を購入して研究したのだという。ひと昔前の典型的なフランス家庭育ちで、すなわち、カトリックの幼児洗礼を受け、公教要理（洗礼希望者や子供たちにキリスト教信仰を教える教材）も受けている。

一一歳から一二歳頃に行われる集団の「盛会聖体拝領」というものがフランスにはあって、子供たちにとって一種の通過儀礼で家族の集まる祝いの行事なので、八歳頃から始まる公教要理の期間が普通のフランス人にとって生涯で最も教会に通う時期となっている。七歳未満の幼児洗礼は、本人の意思ではないので、秘跡としての聖体拝領が可能になるには要理を学んで自分の意志でそれを望むという手続きが必要になる。老舗宗教としてのカトリックの試行錯誤の中で生まれた健全さだといえるだろう。キリスト教の標準知識を得た上で、実生活ではプロテスタント的な「建前」（所属教会を明らかにしたり、日曜礼拝を義務化したりするなど）の遵守もないので、オカルトも自由に試すことができたわけだ。

ところが「オカルト二世」のその彼女ですら、今や手軽なオカルトや魔術の本がスーパーの本売り場にも並び、各種占いに特化した雑誌もあふれている環境を憂えている。彼女は「悪魔」はキリスト教の発明物だととらえているので、悪魔祓いや呪術などには手を出さない。

ネット上の各種の「指導者」には特定の人に呪いをかけることを受注する者もいるが、最も有害なものは、健康法や補助食品を勧めることで、それによって、癌などの標準治療を中断させたり遅らせたりして手遅れになるというタイプのものだ。これらを摘発するために「Fakemedフェイクメド（偽医学）」という組織があり、被害訴えへの対応、摘発、犠牲者へのアドバイス、政府の「カルト的逸脱行為警戒対策本部（MIVILUDES）」への報告などを受け持つ医師たちが存在する。

難しいのは、これらのネット上の「指導者」たちがすべて詐欺師だというわけではないことだ。彼らの多くは、自分たち自身、何らの科学的根拠もなしにその健康法や薬の効能を本気で信じているのが実態だ。その意味では彼ら自身が時代の「犠牲者」だともいえる。

思えば、一九世紀の終わりには、西洋近代を席巻した科学原理主義、合理主義がすべての「神秘」やスピリチュアリティを否定したことについて、カトリック教会が厳しく抵抗したという歴史があった。皮肉なことに、今は、その逆の現象が起こっているかのようだ。「近代」の反動も手伝って、「多様性」が強調され、「神秘」も「聖なるもの」も含めた非合理的、非科学的なさまざまなメソードが巷にあふれ、批判精神も養われておらず、伝統宗教の知識もない子供たちでさえ、簡単にアクセスできてしまう。

科学が発達すればするほど、「科学ではすべてが説明できない」ことがわかり、科学技術、産業の発展が世界を救うわけでもないことがわかってきたのは事実だ。そういう時代に便乗して、非科学的な言説を駆使してネットで個別に手軽な安心感や慰めを与える「商法」が跋扈している。そのリスクに対応するために、プロテスタント文化に根差す個人主義アングロサクソン国でのオカルトの変遷とルネサンスに根差す普遍主義から生まれた共和国であるフランスでのオカルトの変遷を比較することには意味があるだろう。

アングロサクソン世界とフランスのオカルトの変遷と比較

宗教改革で、プロテスタントが、それまで温存されていたローマ・カトリックによる安定したシンクレティズム（聖人崇敬や聖遺物崇敬と巡礼のシステム）の世界を否定した。

特に「新大陸」で構築されたアングロサクソン世界では、宗派の帰属が主として地域の共同体主義になり、社会的地位の上昇と富の蓄積とが主要な「価値」となっていった。ヨーロッパでも、共和国主義やファシズム、アーリア至上主義、マルクス主義などが、それぞれの「普遍」を一神教の神の上に掲げて経済的に競合していく。二〇世紀の長い間、世界を支配したボリシェヴィキとアメリカニズムというイデオロギーは、どちらも「経済」を指標とするものだった。

そのような近代西洋の「神なき覇権主義」に対抗するカウンターカルチャーとして「新しいオカルト」が存在感を増していったのは驚くに当たらない。

そんな中で、二〇世紀末に、「共産圏」が終わりを告げる。同時に、経済成長を「進歩」の指標とする世界で、「先進国」が環境破壊と少子化によって停滞し、反対に、「発展途上国」だった多くの国が、資源大国・人口大国・技術大国へと「躍進」していくことになった。

冷戦後のアメリカ主導の「グローバリゼーション」も、各国技術者の拡散、多国籍企業による武器や軍事設備の拡散を加速した。デジタル化により、国境を超えた「多様性」が広がり、消費者としての「孤独なる群衆」は、アングロサクソン的な「地位の上昇」と「富の蓄積」の価値観に染まっていく。

そこで競合できない人に向けても、「個人的な幸せ」「個人的な若さと健康」の獲得を「指南」したり導いたりする情報が多産されることになった。そこではもはや、合理的であることや科学的であることや道徳的であることや社会的であることさえ要求されない。「本来の自己の覚醒」メソードなどに姿を変えた「新しいオカルト」も浸透する（「本来の自己の覚醒」を求める人たちの例は後ほど紹介する）。

宗教と個人の関係について常に対極的な社会であった二つの文化（カトリックとアングロサクソン）がフュージョンするようになったのは、「資本主義」のグローバル化に端を発する。もとより別のものだったその二つが、「スピリチュアリティを消費する個人」の分断の中でグローバルな「利己主義」に変容していった過程を見直すことは、地球環境を含めた「文明の終焉」を遅らせるためにも必要な視点であるにちがいない。

冷戦後のグローバリゼーションが一般化する以前、すでに、一九五〇年にはアメリカの社会学者リースマンが『孤独な群衆』の中で、伝統ではなく内部指向でもない「他人指向」が人々を分断するアメリカ社会について述べた。「他人」とは、マスメディアを含む「情報」であって、人々は、ばらばらな個人として不安に動機づけられた行動をとるということだ。営利企業はもちろん、ロビー団体も、政治も宗教も、マスメディアを利用して人々を誘導していくようになった。

一方、もともとフランス型の個人主義は、普遍的な次元で同じ理想（自由、平等、人権）を共有することで、自分が他者と異なる現実を受け入れて尊重し合うという原則に依拠していた。それはフランス革命で掲げられたものだとされることもあるが、人的な権威構造を否定するという原始キリスト教型普遍主義は、ヨーロッパの修道院文化に最もよく現れている。

修道院内のヒエラルキーが交代制であったり、修道院内の決議事項については投票制で決められたり、どの身分の修道者にも匿名で平等な一票が与えられるなど、多数決の「民主主義」の源泉があった。民主主義というとギリシャの都市国家を思い浮かべるかもしれないが、古代ギリシャの都市国家には、市民よりも奴隷の数の方が多かった。

原始キリスト教には私財を放棄する共産制の伝統もあったし、政教分離の絶対平和主義もあった。そんなキリスト教も、四世紀にローマ帝国の国教となって以来、政治や権力のツールとなって変質したわけだが、原初の精神を最もよく伝えてきたのが各種の修道会と修道院での生活だった。ローマ・カトリックはヨーロッパをキリスト教化する上で、各種の異教の聖地を聖人の殉教地などに置き換えたから、「巡礼文化」も発展した。その中で、巡礼者を泊めたり治療したりする宿泊や医療の施設も発展してきたのだ。

非キリスト教文化圏に進出した修道会は宣教修道会が中心だから、当然、本部からの資金を元手にしての「布教」活動がメインとなったが、ヨーロッパ内に留まった多くの修道会と修道院では、祈りや典礼の日常だけでなく、自立するための営みが続けられる。学問、文化の継承だけでなく、自給自足のための酪農や農耕、自営のための販売品（ワインやチーズ、菓子、手工芸品などさまざまなものがある）の製造などだ。その他に教育や医療に特化した修道会も多くあった。

フランス革命でいったん閉鎖されたり国を追われたりしたが、中世から社会のインフラを担ってきた修道会はやがて息を吹き返して、「共和国」と共存するようになった。その中立性が、今の若者たちの「無宗教の霊性」の受け皿となっているわけだ（それは現代の日本で、宗旨や宗派を問わず、座禅や修行、自然との触れ合いの場などを提供する寺社があることと似ているし、巡礼文化も共通している）。

といっても、前述したように、修道院を訪れる若者たちが「カトリック」に回帰するわけではない。フランス東部でエクソシスト（悪魔祓い師）も担当する司祭ジャン＝クリストフ・チボー師は、オカルトに近い「代替スピリチュアリティ」を試した多くの若者と接触している。

彼によると、今の若者の特徴は、二〇世紀後半のニューエイジ世代が仏教やアメリカ先住民宗教などに興味を持ったのと違って、フランスの先住民のキリスト教到来前の宗教、すなわちドルイッド（古代ケルトの祭司階級）や、ケルトの宗教や儀式に興味を持っているところだ。ネオ魔術の他に、エコロジーや健康志向、フェミニズムに影響された「大地母神」が人気だという。

アイルランドの古代ケルトの最古の神々に属するアナ（アヌ、ダナ、ダヌ、アナン）は成熟した女性として描写される母神で、繁栄、知恵、死、再生という自然や、自然の「霊」を体現していた。ウェールズ、イングランド、ガリアでも共有され、森の中で月の周期に合わせて大地母神に捧げる儀式などを復活させる女性たちが存在する。

彼らは、「普遍」の法則に適《かな》った「自然宗教」に近いこれら「原初の宗教」が、キリスト教によって駆逐されてしまったものだと見なしている。彼らは「司祭」抜きの自力でスピリチュアリティの源泉に近づきたいと考え、その中には、北欧神話のトールやオーディンなどの神々の強さに憧れる者たちもいる。

ルルドの奇跡とオカルト「探究者」

宗教の分野だけではない。陰謀論と超常現象も結びつく。フランスでは、五種類以上の陰謀論を信じている人の五一％が、霊視や予知能力を信じているという（いかなる陰謀論も信じていない人では一八％。二〇一八、ＩＦＯＰ［フランス世論研究所］調査）。無宗教を標榜する政治家がスピリチュアリティへの親和性を口にすることもある。フランス革命後の一八世紀末のように、瓦解する世界をもう一度統合するためには新しい「非合理」が必要とされると直感しているからかもしれない。

その傾向にはリスクも伴う。「個人の自由」の名のもとに、伝統宗教から無宗教を経て、やがて権威を否定する「個人的な信仰」へと収斂《しゅうれん》していく過程には、少なからぬ罠が張りめぐらされているからだ。

フランスの伝統宗教であるカトリックの宗教者にとっての忸怩《じくじ》たる思いは、霊的な探求を求めている若者たちの多くが、教会を誤解し、警戒していることだ。彼らにとって教会はモラルと教義と典礼の三種だけでなっている。秘儀や神秘などはないと信じているのだ。だからこそ、インドのセランポール大学神学教育委員会（BTESSC）の取り組みのように、一部の聖職者や修道者は、オカルトやエゾテリスムの「探究者」たちとの対話がいかに大切であるかを心得ているし、それが双方の霊性を豊かにすることも自覚している。

フランスには「奇跡の泉」で世界的に有名なピレネー山麓の巡礼地ルルドがある。多くの病者やボランティアがやってくるし、そこでは宗教の帰属や信仰の有無も問われない。奇跡「的」な治癒や快癒、回復は日常的にあるが、カトリック教会で公式に「奇跡」と認定されるものの割合は一年に一件もあるかないかだ。その条件も、その時点での医学で説明のつかない突然で決定的な治癒である上に、信仰上の意義が認定されねばならないなど、ハードルが高いからだ。

ルルドは聖母マリアの「ご出現」があったというカトリックの聖地だから多くの修道会も関わっている。もともとフランスの「病院」や「療養所」は、フランス革命以前は全面的に修道会が担っていたという歴史があるから現地の病院施設も充実しているのだが、そのルルドに、患者に付き添ってやってくる「かかりつけ医師」も存在する。彼らは「奇跡の水」や祈りでの治癒を信じているわけではないが、患者の心理的な癒しがあり得ることを認めているからだ。奇跡の治癒に対して「非科学的」だと切り捨てる態度をとれば患者との信頼関係にひびが入り、コミュニケーションが断たれるかもしれない。

同じことは、オカルト「探究者」に対してもいえると聖職者は考える。ニューエイジのネオシャーマニズムなどを批判して「悪魔」の業《わざ》などと決めつけると相手は去ってしまう。大切なのは、カルトのリーダーに心酔していたり、インフルエンサーに取り込まれていたりするような人たちとの対話の「場」を確保し続けることだ。それればかりではない、聖職者たちにも学ぶことが大いにある。

聖職者たちにとって、体制の提供する「モラルと教義と典礼」というのは、そのベースにある霊性や神秘体験の上に培われてきたものであるのは自明だとはいえ、日常の中では、原初の霊的な体験のことなど意識しなくなってはいないだろうか。また、人はどうして「無」でなく「意味」と「聖なるもの」を必要とするのだろうか、「探究者」たちを通して、伝統宗教の中の本質的で最良の部分をもう一度自覚すべきではないだろうか、と聖職者たちは自問を促されるようになった。

それでもまだフランスのSBNRは、アメリカのそれとは違っている。フランスのカトリックは、歴史的に絶対王権と結びついていたからこそ、近代においては「政治と宗教をいかに分けるか」ということが社会の課題だった。

特定の宗教への帰属感や特定の宗教者の権威に服することなしに「超越神」の概念を保持することは可能だったし、教会を冠婚葬祭に使っても毎週のミサには出ないという生き方も長く続いたので、フランスのSBNRには数世代にわたる歴史があるといえる。

それに対して、例えば、プロテスタントが「建国」したアメリカでは、「神の加護」はナショナリズムの一部であり、大統領は就任式で聖書に手を置く。特別の理由がないのに日曜に教会に行かないということには、社会的罪悪観が伴っていた。

そんなアメリカの若者の中で、現在のＳＢＮＲは、無宗教であることの罪悪感を持たない最初の世代だといえる。それどころか、彼らのほとんどは、宗教とは霊性と対立するものだとさえ思っている。彼らにとっての宗教のイメージは、今や、ドグマ、体制、強制、暴力、犯罪というネガティヴなものですらある。最近発覚した教会内の小児性愛や虐待のスキャンダルばかりでなく、イスラム過激派のテロリズム、狂信などと結びつけるからだ。一方で、冷戦後の新自由主義競争社会でのエゴイズムに立脚した「救い」という新しい霊性のイメージが生まれた。宗教は「強制」のシステムで、「霊性」は「自己実現」のシステムであると分かれたわけだ。

全体として、西洋のキリスト教文化圏における「無宗教」の若者は過半数に至っている。これは西洋哲学史においても、人類学的にも初めての出来事だと宗教人類学者のギヨーム・クッシェは述べている（Guillaume Cuchet《Le catholicisme a-t-il encore de l'avenir en France?》Seuil)。

カトリック文化圏はそれでも過去の多神教やアニミズム信仰を無数の聖人崇敬に置き換えてきたから、体制的な宗教離れが完全な霊的空隙《くうげき》を生むわけではない。その点では、「八百万《やおよろず》の神」や祖先信仰のベースがある日本と似ている。日本では信仰の有無や帰属を厳しく問われることなく若者たちも神社仏閣詣でが可能で、非合理性などを批判されることもないように、カトリック文化圏にもハードルの低い聖域が豊富にある。

それに対して、聖人・天使・聖母などへの崇敬を「偶像崇拝」として批判して退けたプロテスタンティズム文化圏では「神」への信仰と忠誠の表明がより厳しく問われてきたから、「無宗教」と公言した瞬間から、社会の中で霊的な空白を生みやすい傾向にある。日本やカトリック文化圏のような宗教と民間信仰の合間にある霊的アイテムの選択肢が少ないからだ。

とはいえ、表向きは「宗教」を捨てたその空白においても、人が内面の良好感を求め、その指針となるものを必要とする心理は変わらない。「心の平安」を求めるヌーヴォー・キエティズム（キエティズム＝静寂主義は一七世紀に神との受動的な一致を求めた神秘主義の一種でカトリック教会から異端宣告された）とも呼ばれるメソードが自己啓発などの名と共に市場を形成するのは自然な流れだ。

一方、カトリシズム内部では、キエティズムのように異端認定されたものだけでなく、カルメル会、イエズス会などさまざまなタイプのスピリチュアリティが教義によって公認され広く活動していた。時代と場所、ユニークなカリスマ的リーダーの存在によってバラエティに富んでいるのだ。ところが今はその逆で、エゾテリスムのテリトリーが広汎に膨張していく中で、「宗教」もスピリチュアリティのヴァリエーションの一つとしか見なされないという皮肉な現象が起きている。

既成宗教を離れた新しいスピリチュアリティといっても、もちろんその大半は、デジタル・ツールを中心に広がるマーケットの大海の中では、旅行や料理などと同じ程度の関心しか呼び起こさないといえるだろう。古代の宗教性に近い自然志向でポジティヴなスピリチュアリティがあっても、美容や健康と同列の「魂のサプリメント」のような位置づけであることがほとんどだ。

その中で生まれた新しい形の「聖職者」「導師」「メンター」「コーチ」などを通してカルトへの逸脱が起こるリスクは高まり続ける。その予防には、たとえ個人的な内面の平安を求める過程にあっても、絶えずチェックすべき事項がある。世間の事象に対して批判的距離を保てているか、人生の優先事項を見分ける力や利他主義が保全されているかどうかを確認する必要があるのだ。

フランスのカルト的逸脱行為警戒対策本部のスタンス

フランスのカルト的逸脱行為警戒対策本部（MIVILUDES）のスタンスを紹介しておこう。

警戒対策本部の部長は、エゾテリスムの「逸脱を見分ける方法」について、そもそもエゾテリスムは、実生活からは見えない「謎」を希求するという人間性の奥に根差しているのだと語る。グローバル化でフラットになった現代の多くの社会では、それまでマジョリティだった宗教が衰退している、その上に、テロリズム・気候変動・パンデミックなどの社会的試練と不安が広がった、特にフランスではコロナ禍のロックダウンの中で、三つの転換点があった。

最初のロックダウンで教会や宗教施設自体が閉鎖されたこと、継続が難しい職種からの転職を余儀なくされるなど職種や働き方の形態の変化に迫られたこと、最後にテレワークなどによってデジタル依存が深まったことだ。これらの変化が、オカルトやエゾテリスムをビジネスとするマーケットにとってのチャンスとなった。その結果、シャーマニズムの実践からバイオ農業を志向する「自然村」共同体に至るまで、カルト化を訴えるさまざまな届け出がなされている。

エゾテリスムはもともとイニシエーション（通過儀礼、入会儀式など）を介する「秘密」性があり、教祖は、

「あなたは選ばれた者」だと言って「獲物」に近づく。特に、実生活で生きづらさを抱く者に対しては、その「試練」の意味、存在の意味などを明らかにしてやることによって罪悪感や劣等感から解放する。

生きづらさの意味、理由がわかれば解決法も提供できる。日本でいうと「供養されていない先祖のせいだ」というタイプのものだ。特にフランスのマジョリティであったカトリックには、「煉獄《れんごく》で苦しむ先祖を祈りで救う」という形の「供養」の伝統があるからつけ込まれやすい。

カルト的逸脱行為警戒対策本部では、人間の本性に根差したエゾテリスムへの親和性と、逸脱してカルト化したものの見分け方について五項目を挙げる。

個人の不幸の脱却や夢の実現を約束してエネルギーを高める、という「誘い」の中で、

1、他人に口外しないこと、秘密を保つことを条件にする
2、生き方をラディカルに変えるよう要求する
3、社会、世間、家族など、本人にとっての「外界」を非難、糾弾する
4、対等に議論したり意見交換をしたりすることが不可能
5、金銭をどんどん要求される

という五項目のすべてが当てはまるなら、カルトと見なして対応する。カルトに取り込まれた人の家族へのアドバイスとしては、

1、コンタクトを取り続けること
2、監視委員会に届け出ること
3、カルト側の主張（信仰内容やその正当化）に関しては触れない
4、議論は避けて、カルトから約束されていたことが実際に果たされたかどうかを聞く

が挙げられている。一九九五年に日本で起きたオウム真理教のテロにすぐさま反応し、カルト・リストを作成するなど数十年も試行錯誤を続けている監視委員会の言葉は傾聴に値するといえるだろう。

フランスにおける「エゾテリスム」の定義

フランスの「オカルト2・0」現象を明確にするために、ここで、フランスにおける「エゾテリスム」の定義を紹介しておこう。

まず、エゾテリスムという言葉が最初に使われたのはドイツ語の「Esoterik」で、一七九二年に行われた、ピタゴラス派の秘密の教えとフリーメイスンの関係についての議論の中だった。そこでは、キリスト教とギリシャ思想、特にピタゴラス主義に基づくシンクレティックで自由な研究のことを指している。

フランスでは一八二八年にジャック・マーテル著『グノーシス主義とその影響の批判的歴史』で使われ始め

たという。エゾテリックという形容詞はそれ以前から使われていたが、このマーテルの著書以来、エゾテリスムという言葉の意味はどんどん拡大していった（Antoine Faivre "L'ésotérisme" PUF）

「エゾ」とは「内部」を示すギリシャ語に由来するもので、隠れているものを探る、という意味だ。

まず、一般的には三つの要素がある。「秘密」「イニシエーション」「体制の外側にある」の三つだ。しかし、例えば、エゾテリスムやオカルトに分類される占星術には、いわゆる「秘密」はない。そのシステム自体には誰でもアクセスが可能だ。「イニシエーション」の典礼はキリスト教の洗礼など、多くの「宗教」に見られるし、「体制外」というのも、宗教の異端分派やカルトグループに共通するものだ。

西洋におけるエゾテリスムには次のような特色がある。神秘宗教的要素、アブラハムの宗教（ユダヤ、キリスト教、イスラム）の聖典の要素、その聖典からインスパイアされながら、「自然」の中に回答を見いだそうとする傾向だ。それはすなわち、ギリシャ＝ローマの世界観のルーツを統合したということになる。

古代ギリシャでは、人間の外にある「超越」したもの、神的なものは「自然」の中にあった。それが、一神教になると、自然は人間と同じ「被造物」であり、「創造神」だけが超越存在となった。

西洋でエゾテリスムと呼ばれるものは、さらに次の五つの要素のうち少なくとも三つを持っている。

一、「照応」の考え

伝えられた言葉と明らかにされたイメージとの間や、マクロコスモスとミクロコスモス（宇宙と人体など）の間などにある「隠れた関係性」を解読しようとする。

「照応」を視野に入れることで、すべてのものの「意味」が、多様であり、多層であることがわかる。

二、「統合」の考え

さまざまな伝統の中に共通したものを探り、より高度な知識を得ようとする（グノーシス主義やキリスト教カバラなど）。

三、「想像」と「媒介」

アクティヴでクリエイティヴな「想像」は「照応」へのアクセスであり、自然という世界の解読のツールとなる。現前しているが隠れているものを見抜き、関係性を露わにする（夢や幻覚による受け身のイマジネーションではない）。神智学は神、人間、自然の関係を露わにする。

「媒介」とは「霊媒」のような存在や、精霊、曼荼羅など仲介となるものだ。いわゆる「神秘家」はその反対で、これらの媒介物を撤廃しようとする。

四、神的「自然」の認識

カタリ派のような二元論的異端における自然の否認はむしろ少数で、多くのエゾテリスムにおいては、自然は解読すべき一つのテキストであるとして大きな位置を占めている（キリスト教では、聖書の中では自然を認めるが神学的解釈では常に否定されてきた）。

五、変換（変身）体験。新生

高度な知識（隠れた知識）の獲得が、新しい存在の仕方の道を開く（結果的には神秘家と近くなる）。

オカルティズムとは、このようなエゾテリスムの「実践」を指す言葉で、象徴派の時代に歴史の潮流の一つになった。

そのような「実践」の中で、二一世紀の今もフランスでは「オカルト」とは呼ばれずに社会的役割を果たしているものがいくつか存在している。民間の「治療師」と呼ばれる人、「火消し」と呼ばれる人、死者との交信を受け持つ「霊媒」の三者だ。

科学的な説明が不可能でも、ある能力の「実践」が社会的に機能しているこれらの共通点は、その施療、施術が原則として無償であり、実践者は他の職業によって生計を立てているということだ。治療師は、代々受け継がれる場合もあり、「手かざし」によって痛みを取り除いたり、イボを取り除いたりする。医師の少ない地域ではよくあることで、特に子供の治療には、病院に行く前にまず民間治療師を訪ねるということが普通にあった。

「火消し」はその中でも火傷による痛みを軽減する人で、これは「遠隔」でも可能ということで、消防や緊急医療の現場では、「火消し」の連絡先が控えられている。彼らに電話して火傷者の名前や年齢などを告げると施術をしてくれて、実際に痛みが軽減するという。

理屈はわかっていないが現実に「効く」ので使われていて、それももちろん無償であり、副作用もあり得ないから、あらゆる点でリスクはゼロだ。薬を与えたり手を触れたりするわけではないから医薬事法にも抵触しない。

結果がすぐに出るこの二者とは違い、「霊媒」はより曖昧で検証が不可能だから、明らかに「商売」になっている場合もある。「詐欺」ももちろんあるが、「能力」がある場合でも、突発的だったり、途中で消えたり、波やむらがあったりといろいろなケースがある。いったん「商売」にすると、コンスタントに顧客の要望に応える技術を磨く必要や演出が工夫される。二一世紀の「霊媒」は、いわゆるオカルトと、科学を否定しないエゾテリスムとの二派に分かれることになる。

デカルトの国フランスでも、「デカルト主義者」を自称する有名な「霊媒」がいる。パトリシア・ダレというジャーナリストで、テレビやラジオで活躍しながらエゾテリスムとは縁のない合理主義者だった。「生まれつき」持っていた霊感でもなく、「大病から回復」した後で得た霊感でもなく、一九九五年、三七歳で、最初で最後の子供を出産してまもなく、奇妙な夢を見るようになったという。

灰色の小さな円盤のようなものが飛び交い、「彼女の準備ができた」という声が聞こえた。九月のある晩、眠りにつく前に、外からの声が「起きて紙とペンをとれ」と言うのを聞いた。パニックに陥って、そばですでに眠っていた夫を起こして明かりもつけたが誰もいない。

夫はまた眠りについたが、声は再び同じことを指示し、彼女は紙とペンをとったが、すぐに自動筆記が始まってしまった。勝手に動く手を眺めるばかりだった。

後から読んでみると、「交信する能力を他者のために使い、金儲けに使ってはならない、それを破るなら重大な事態に陥るだろう」と書いてあった。次の朝一番に彼女がしたことは、仕事の予定をすべてキャンセルして精神科医のところに行くことだった。完全に頭がおかしくなったと思ったからだ。

自動書記した紙を見た精神科医はゆっくり話を聞いてくれ、精神疾患はそのように急に起こるものではない、少しずつ徴候が重なるものだ、と安心させようとした。すると突然彼女はまたペンを持って明らかな放心状態の中で自動書記を始めた。

そこには精神科医へ向けたメッセージが書かれていた。精神科医は明らかに動揺し、これは自分の守備範囲の現象ではない、「霊媒現象」のようなものでしょう、と言った。彼女の恐怖は少し軽くなったものの、その現象の意味はわからない。

次に向かったのは近くにあるエゾテリスム専門書店だった。それまでは自分のことをデカルトの伝統の中にある合理主義者だと思っていたから、エゾテリスム関連の書籍には軽侮《けいぶ》の気持ちさえ持っていた。ともかく「霊媒」関連の本を買い込み、研究対象にしようと精読した。多くの「あやしい」ものがあり、明らかな詐欺や虚偽もあり、精神疾患と思われるものもあった。

それからも彼女は自動書記に抵抗しようとしたが、いつも「声」の執拗さに負けた。無神論者の夫にこのことを打ち明け、理解はしてもらったものの、絶対に公けにはしないことで合意した。夫は弁護士で彼らの住む町の市長だった。彼女もラジオ・フランス勤務のジャーナリストであり、「霊媒」能力などは夫婦のどちらにとってもマイナスでしかない。それでも、死者の霊がコンタクトして特定の人物に伝言を残す時には従った。

一般に知られるようになったのは二〇〇八年に女優で歌手のミレイユ・ダルクが『私の父』という本の中で、母が最後まで隠し通した自分の実の父親を捜す経緯を書いてからだ。パトリシア・ダレと面識のなかったミレイユ・ダルクは二〇〇六年、「一三年前に死んだ母親から実の父の名を明かされた」とダレから突然聞かされて最初は信じられなかった。結局、四度に渡ってダレを通じて母と交信するうちに、自分の過去について納得がいくようになったという。

パトリシア・ダレ自身が、出版社から霊媒としての体験を書くように勧められたのは二〇一一年のことだった。その前年に夫を五八歳でなくしていたので彼女は公開に踏み切ることにした。それでも「霊媒」のメカニズムを知りたいという気持ちは続き、二〇一四年には『不可視と科学』という本で、歴史学、人類学、心理学を通した「霊媒」の意味を専門家と共に探ろうと試みた。

そのうち歴史学と称するものは、彼女がナポレオンやジャンヌ・ダルクといったフランス史の重要人物からのメッセージを受けることがあるので、その内容の信憑性、蓋然性について歴史学者の意見を聞くという体裁になっている。彼女の受けたメッセージの内容は、歴史的にあり得ないわけではない、とされたものの、事実を確認しようがないものは判定のしようがないと結論されている。

一方、巷の「宗教」には、歴史学者に検証させれば明らかに誤りだとわかるようなことを歴史上の人物から受け取った言葉として堂々と通用させている例もある。そのことを思うと、自分の受けた「死者からの言葉」について、第三者の意見を聞くパトリシア・ダレの誠実さは評価できる。

といっても、人類学的考察も確認しようのないものだし心理学者、量子物理学者との検討も、無意識やヒステリーや共時性（シンクロニシティ）の問題に踏み込んではいないし、「超越」も当然扱われない。デカルト主義者としてはグレーゾーンに留まったままだといえるだろうか（自動書記については、日本では個人的に接触のあった人がいた。これも、それが起きる前は、「まさか」というほどの、スピリチュアルに縁遠いある国立大学教授だったが、「お告げ」の研究をしていた私にあるルートから接触してきて、夫人同伴で詳しい話を聞いたことがある。驚くべき証言が次々と展開され、その結果家族に起こったことも、国際的な広がりを持つに至ったので、私もずっと封印したままでいる)。

コラム1　フランスのオカルト事情の定点観測を始めた理由

パリのパラプシー

毎年二月、パリでオカルト見本市が開かれる。二〇二三年二月の「パラプシー」は、コロナ禍で変更が続いた後で久しぶりの盛況を見せた見本市だった。

パリではほとんどいつでも何らかの見本市（サロン）が開かれている。中国に発してイタリアで猛威をふるった新型コロナウィルスがあっという間にフランスに広がったのも、この二国の参加者が圧倒的に多いテキスタイル（服地）のパリの国際サロンを介してだったといわれていた。「パラプシー」は少し毛色が変わっていて、「超心理学（パラプシコロジー：超常現象を扱う科学）」の名を冠したサロンで、オカルトからニューエイジ系の宗教、開運グッズやヒーリンググッズ、エコロジー商品から、占いや魔術まで何でも混ざっている。

初めてこの見本市に行ったのは一九九六年のことだった。以来、エゾテ

パラプシーの入り口（2023年２月撮影）

リズム系の本を購入したり、超常現象についての講演を聴いたり、自然食品を購入したりした。占い師を観察するのが好きなので、必ず一人には占ってもらって、どのように占うのか、占いの結果を相手によってどう解釈するのかを尋ねることにしていた。占い師も客も、圧倒的に女性が多いので、リラックスできる。

最初にこのサロンに参加したきっかけは、「占い技術と自然医学」という副題がついていたことに興味をそそられたからだ。「体と精神のサロン」とも銘打っていた。

多くのブースには、四つ葉のクローバーをアクリル樹脂で固めたペンダントだとか、オカルト雑誌だとか、インドのお香《こう》などが目につく。水晶球や振り子やタロットカードというどこのオカルトの店にでも売っているようなものももちろんあるし、天使をテーマにしたミニギャラリー、自然食コーナー、NASAで開発した無重力状態でもインクがよく出るというボールペンなどあまり超心理学と関係がなさそうなものもあった。「あなたのオーラを撮影します」というのも定番だ。しかしやはり「売り物」は、何十人という占い師が一堂に会していることだろう。

ヨーロッパの占い師の業界というのは、サーカス業界と同じでかなりインターナショナルである。免状社会だけあって占い専門の学校もいくつもあり、各占い師のブースにはその免状が張り出されているところもあった。テレビ出演した写真や新聞記事の切り抜きや、有名人による推薦状、各種コンクールの入賞記録なども目につく。

当時一回が八〇〇〇円から一万円程度が相場で、最初の二〇分がいくらであとは五分刻みという細かいのもある。写真をもとに占うのは四〇〇〇円、手相だけなら三〇〇〇円、それにカードを追加すると二〇〇〇円、さらに水晶球で二〇〇〇円、特別の質問はさらに四〇〇〇円、前世を知りたい人は八〇〇〇円という小刻みなシステムもあった。それらは個人で参加している占い師の場合だ。

別に設けられた「占い師の村」というコーナーでは、十数名の占い師の隣り合ったブースを回って品定めができる。それぞれのブースの前にはカウンターがあって、受付のような人が客引きをしている。料金は「村」の入り口でまとめて払い、六〇〇〇円で一人、一万円で二人を選べる。

「見ただけでわかる」天性の占い師

タロット占い、水晶球、振り子、手相、占星術、数字占いの他に、「見ただけでぴたりとわかる天性の占い師」というのもある。ジプシー（ロマ）系の占い師、アフリカの魔術師はローカル色が強い。東洋風のもあるが、全体にけばけばしい。

フランス人はこういうところにも理屈を持ち込むのが好きで、伝統ある方法でそれなりの研鑽を積んだプロフェッショナルであるかどうかを選択の基準にするから、「天性の占い師」はあまり流行らない。

しかし、なまじカードなどがあると、それに頼ってしまって直感が働かなくなるのではないか、またカードの読み方や解釈のテクニックによってまったく結果が変わるのではないかと思えるし、自分で本を読んで試せるテクニックよりも、自分にはない「天性の才能」というのを持った人にこそ金を払うかいがあるのではないかとも思える。第一、「見ただけでぴたりと当たる」なら、その当たり具合で能力をてっとり早く判断できるではないか。

もちろん観察眼によって初対面の人が何者かを見抜くことも可能だろう。そもそも料金が高いのだから深刻な金銭的な悩みのある人は少なかろうし、仕事が忙しい人や病気の人も来られないだろうから、家庭の問題や愛情問題が多いかもしれない。

私は好奇心以外にはさしあたって何の質問も思いつかない、いわば「のっぺらぼう」の状態だから、見抜くのは難しいだろう。それでも私を見ただけで過去も現在も当てる人がいるのなら、未来もぜひ聞いてみたいものだ。

かたっぱしから手相や前世を見てもらい、それを比較検討すれば、逆に、占い師たちの人間性が見えてくるかもしれない。平凡な自分の未来などよりも、平凡とはいえない生業《なりわい》をしている占い師たちの人生の方にずっと興味をそそられる。

マダム・Mのタロットカード

結局、美容サロンの受付のようなエレガントな女性に勧められて、両親も予言者であり、ご主人も有名な占い師だというマダム・Mを選んだ。満面に笑みをたたえた、姿勢がよく上品そうなほっそりした初老のマダムは「ようこそ」と自然な雰囲気で声をかけてきた。接客業のプロという感じだ。鮮やかなピンクのサテンのブラウスを着て、周りに張りめぐらせたカーテンも、同じピンクで非現実的な雰囲気だ。

ずらりと前に並べたタロットカードから、好きなカードを九枚選ばせる。顔を見て人となりをぴたりと当てるという芸当もせず、実務的な医者のような態度だ。

選ばれたカードの何枚かを別のカードで隠していくという作業が続く。そのうちに医者の問診に答えるように、いつのまにか自分のことをしゃべってしまうはめになった。マダムは患者の話を引き出すセラピストのようでもある。

私からのさまざまな質問にも悪びれず答えてくれた。彼女の両親も予知能力があったたし、彼女も小さい頃から日常的にいろいろなことを予感できた。それはとても怖いことで、わかっていても時間的にあまりにも近いことだったら避けることができない。顧客の遭う事故などは、日にちが迫っていれば特定できて、例えば飛行機をキャンセルさせることで救ったこともあるという。

顧客を前にしてまったくインスピレーションが湧かないこともあり、そんな時はよそに行ってもらう。もし顧客の間近に迫った「死」のカードが出たら何と言うのかと質問したら、「あなたは死ぬ、というのは、私は絶対に言いません」とはっきり答えた。また近親者の死が見えている時も、はっきりと告げずに、それとなく、たとえこの先に試練があってもやがて乗り越えることができますよというふうに、勇気づけるように話すのだという。

結局、超常的なことを見せられたわけでもなく、もともと具体的な相談事がないのだから解答をもらったわけでもないのに、ブースから出てきた私はけっこう満足していた。払ったものと等価の時を過ごせた充実感があり、精神衛生的にも悪くない。

こうして、私は毎年このサロンに行くようになり、フランスのオカルト事情の定点観測を楽しむようになった。最初は静かなブームだったのが二一世紀に入ってからは、すっかり定着してリピーターがやってくるようだった。講演も聞いたし心霊治療の実演も見学した。

最初の一〇年でいろいろな占い師と話し合った結果、「占いオタク」になったのかというと、その反対で、実は「自分の運命」というものをきれいさっぱり信じなくなっていた。大きな全体の中の自分というものは感じられるが、個人的な運命の展開に関心を失ったのだ。「運命のぞき」をやり過ぎて相対化してしまったからでもあるが、私の中のポスト・モダンが終わったということなのだろう。

ポスト・モダンは存在の限りない多様化を認めることで、人々を自分中心主義に分断するという弊害をもたらした。いい大人が雑誌を開いて自分の今週の運勢などを読みたくなるのは、「自分について語っているもの」を読みたいからだ。自分史、自分探し、自己実現、セルフヒーリング、人は「よき自分」の姿を求めてさまよう。常に社会との関係に規定されてもがいた近代自我のフラストレーションの反動だったのだ。

ポスト・モダンを卒業し「利他を目指す自由な自己」の境地に立ってみれば、大きな全体の中の関係性に生きることの自然さに気づくことができる。そのためには一度占いの毒気に当てられるのも案外無駄ではないのかもしれない。

第2章　メスメルの磁気療法とオカルトの転換点

今も生き残るメスメルのマグネタイザー療法

オカルトやスピリチュアリティに特に興味のない人でも、フランスの近代史について少し読んだことのある人なら、革命前のパリで大成功を収めたというフランツ・アントン・メスメルによる「動物磁気」療法という言葉を記憶しているかもしれない。動物磁気という目に見えず得体のしれない「流れ」によって複数の患者に痙攣《けいれん》などを誘発させて治療する非科学的なものだという印象だろう。

実は、このメスメルのマグネタイザー療法は、当時としては画期的な「科学理論」に基づいたものだった。当時は、大病院の医師や大学医学部教授なども、難病や原因不明の病気の治療といえば瀉血《しゃけつ》（悪い血を蛭《ひる》に吸わせるなど）や各種の植物や鉱物による煎じ薬の処方などが主流だった。その頃にも、薬剤師や薬学、各種の「薬」製造者と医師との経済的連携が存在していた。当然、王侯貴族と庶民では治療の格差もあった。

そんな時代に、メスメルは、地磁気の存在に着目して、地球上のものは鉱物も植物も動物もすべからく磁気に誘導される生命エネルギーを分かち合っていると考えた。磁気の存在そのものは古代ギリシャから知られていたが、本格的に研究されるようになったのはルネサンス以降、一七世紀に入ってからだった。電磁波などが発見されるのは一九世紀に入ってからだが、磁石を治療に使う実践は一八世紀にはすでに民間療法として記録が残っている。

メスメルも最初は磁石を使用し、後にも銅の棒を道具の一つとしたが、早くから、万物に共通する波動こそが、生命を司ること、それを「整える」のには「音楽」と「手のひら」が必要であるという結論に達した。

この「万物を生かしている波動」という考えは、ルネサンス以来の「ユマニスム」で生まれた「人間」という概念に基づいている。それまでは誰それの息子や娘、子孫、主従などという社会的な関係、あるいは性別や人種や年齢などの肉体条件によって規定されていた人々が、みな人間として「一個人」であると意識されるようになったのだ。

といっても、万物を対象にする理論は、特定の患者の命を扱うことで成り立つ医師の権威システムにとっては「不都合」なことだった。実際、メスメルの磁気治療は、ウィーンとパリという都市で世間的な大成功を博したものの、「学会」からは偽《にせ》科学扱いを受けて放逐されている（八〇歳を超えて動けなくなった最晩年に、動物磁気の研究に特化しようとしたベルリン大学から正式に招聘されたのは皮肉だった）。

一方、メスメルの磁気療法（メスメリズム）はルネサンス以来の「普遍主義」の目覚めと啓蒙の世紀の「人権」を養ったフランス型フリーメイスンなしには存在しなかったといっても過言ではない。メスメリズムは、西洋キリスト教社会において、共同体外の存在になったり別の形に姿を変えたりして続いてきた「オカルト」が、近代の流れの中で新しい地平を開くことになる画期的な実践だった。

残念ながら、それは前近代的な医学から認められなかったばかりではなく、別の形のオカルトやカルトの潮流に呑み込まれてしまった。その中には「教祖」のカリスマによって終末観を植えつけるものもあれば、指示されるメソードによって誰でも悟りの境地に至ったり超能力を開発したりすることが可能だとするものもある。洗脳、搾取を含むオカルト・ビジネスが展開するようになったのだ。

それらは形を変えて二一世紀の今も続いている。今もなお磁気治療を名乗るマグネタイザーや「手かざし」

療法も存在するし、玉石混淆でマーケットに並んでいる。その中で、メスメルが探求し果たせなかった「普遍的な調和」につながるものを見極めることは可能なのだろうか。この章では、西洋科学主義の萌芽の時代に科学とオカルトのはざまで戦い、栄光と敗残の両方を生きたメスメルの足跡をたどってみよう。

メスメルとアウエンブルッガーとパラケルスス

メスメルは一七三四年五月の夜、アルプスでレマン湖に次いで大きな湖であるコンスタンツ湖（ボーデン湖）のドイツ側湖畔で九人きょうだいの第三子として生まれた。大司教領の森を管理していた父親は少年メスメルを狩りに伴い、木の幹や枝や土に「手を触れる」ことで、鳥や獣の位置を知ったり、樹々の状態を確認したりできることを見せた。

父は犬の鼻づらを触って病気を予測したし、風を受けることで翌日の天気を言い当てた。目に見えず声のない「知」が存在することを父から教えられたメスメルにとっては、識別できて確認できるものだけを「科学」だと呼ぶ世界の限界が明らかだったのだ。

後にウィーンの医学界で、レオポルト・アウエンブルッガーが実践していた「打診法」を支持したのは若いメスメルだけだった。

アウエンブルッガーも、アカデミックな理論からこの方法を編み出したわけではない。彼の実家は宿屋で、父親がワインの樽を叩くことで残量を知るだけでなくワインの質まで当てるのを見て育ったことで、患者の胸部を叩いて肺の疾患などを予測する打診法のヒントを得たのだという。

アウエンブルッガーの説は医学者たちから嘲笑されたが、彼は音楽家ハイドンの病を癒し、ハイドンは彼の娘たちにピアノソナタを捧げている。アウエンブルッガーの「打診」はピアノの「打鍵」につながり、音楽の中にも生命の流れが宿っている。健康とはメロディーでありハーモニーであることを若いメスメルも理解した。

メスメルはルネサンス時代の錬金術師、占星術師でもあり医師でもあったパラケルススの研究もした。パラケルススは、「医学書」などではなく、村外れの老婆やジプシーや遊牧民らに伝わる治療法やら薬草やらなどを収集し、マグネタイト(磁鉄鉱)を粉砕したものを万能薬とするなどして当時の医師たちから排斥されていた。

メスメルはパラケルススに傾倒して、彼のゆかりの地を訪ねるなどして医学仲間から揶揄された。当時の「科学者」たちにとっては、明確な原因と結果をトレースできる唯物論的なモデルによって世界も人体も形成されているという認識こそが蒙昧《もうまい》の中世から「進歩」した近代の成果であるはずだったからだ。

西洋の民間療法だけではなく、「西洋科学」による認証を必要としない東洋医学においては、「気の流れ」の理論は宇宙観につながっていたし、「脈診《みゃくしん》」「触診」が「診断」の基本として存在し続けていたことが医学界に知られるようになるのはもっと後のことである。アウエンブルッガーの打診法も、やがてフランスで認められ、皮肉なことに、その後「聴診器」は「西洋科学」の臨床医の必須器具となった。

現代医学の臨床の場でメスメルやアウエンブルッガーや民間医療の一部が「復権」された部分もあるとはいえ、一方で、「数値」による「診断」の技術も同時に発展して、数理モデル至上主義も別の形で加速的に継続された。触診などとは別の次元で、さまざまな検査によって明らかにされる「数値」の平均値によって健康状態が判断される時代になったのだ。

今や聴診器も使わず触診もなしで、患者の顔も見ず、検査結果の数字だけを見て薬の処方箋を出すというタイプの「診察」が増える傾向については、「かかりつけ医」のいない場所では以前から話題になっている。「正常」とされる数値から逸脱すれば直ちに投薬するという「医薬協働」のシステムが、少しずつ標準となってきているのだ。

それをさらに「進化」させたのが「オンライン診療」だ。新型コロナ感染症のパンデミックは、それを助長した。そこにはもちろん「生身」の体はないし、患者の全身状態を知ることも難しい。臨床医学において、アウエンブルッガーやメスメルによって切り開かれてきたアナログで直感的な方向と、科学主義を突き詰めるデジタルで統計的な方向との分離は、解消しないばかりか拡大しているといえるだろう。

メスメルとイルミナティとモーツァルト

メスメルの話に戻ろう。メスメルは医学部に入る前に、修道院で中等教育を受け優秀な成績を認められ、領主である大司教から学費を支給されてコンスタンツやインゴルシュタットのイエズス会系大学で哲学・論理学・神学を学んでいる。敬虔な母親は彼が司祭になることを望んでいたが、メスメルが大学で出会ったのはフランスの啓蒙思想だった。

ディドロらの『百科全書』を隠れて読み、モンテスキュー、ヴォルテール、ルソーに耽溺《たんでき》した。フランス語の響きがドイツ語のように硬くなくイタリア語のように明るくもなく、霧の中を漂うようであることにも魅了された。

二〇年後にフランス語で動物磁気についての論文をパリで発表したように、フランス語はメスメル第二の母国語となった。インゴルシュタットでは啓蒙思想の仲間を通じてフリーメイスナリーに加入し、後にウィーン大学医学部に登録できたのも、バイエルンのフリーメイスンの推薦によるものだった。

インゴルシュタットでイエズス会士のアダム・ヴァイスハウプトがイルミナティを創設したのはメスメルがインゴルシュタットを去ってから一五年後のことだ。「啓明社」とも訳されるイルミナティも、フランスの啓蒙思想に影響され、人類の自由と平等を目指したもので、オーストリアにも広がったが、一七八四年にバイエルン政府によって非合法化され、一七八五年には黄金薔薇十字団の手によって拠点を弾圧された後、地下に潜った。

イルミナティはメスメルとは直接の関係がないが、イルミナティとフリーメイスンの両者とも封建的な階級制度や権威主義を退けた点で共通している。だからこそ、一七八九年のフランス革命の後でイギリスに亡命したカトリック司祭のバリュエル神父が、フランス革命を準備したのは啓蒙思想家とフリーメイスンとイルミナティとだという陰謀論を唱えたわけだ。バリュエル神父がロンドンで出版した『ジャコバン主義の歴史のための覚書』という四巻本は、ドイツ語・英語・イタリア語・スペイン語・ポルトガル語に訳されて膾炙《かいしゃ》したことで、後のさまざまな陰謀論へと発展した。

しかし、イルミナティの目指したのは無神論などではなく、本来のキリスト教の核にある人類愛だった。フリーメイスンであったメスメルも、すべての天体、地球、生物の体は普遍的な流体によって互いに影響、呼応し合っていると唱えたわけだから、フリーメイスンもメスメルもヒエラルキー構造を持った既成の教会システムとは相容れなかったのは否定できない。

既成権威を退けた点はイルミナティもメスメルも共通しているとはいえ、メスメルには政治的イデオロギーはなかった。医療を通して、宇宙と自然と人間をつなぐ普遍的な関係性を証明しようとしていただけだった。

メスメリズムがフランス革命に結実した共和国精神に寄与したのは事実だが、彼自身は、自分の理論が「医学の権威」筋によって認めてもらえるよう奔走した。それは彼自身が、「科学」「非科学」という二元論的思考からまったく自由ではなかったからだろう。体制化した宗教の説く「教義」を合理的思考から「非科学」だと切り捨てた延長で、動物磁気の存在や磁気療法を「科学」として承認してもらう必要を感じていたのだ。

メスメルにとって皮肉なことに、人間の感知できないものがどのように働くかという仮説の多くは近代科学から背を向けながら発展していき、「メスメリズム」もメスメルの生前からすでに「オカルト」へと取り込まれていった。

メスメルが正規の博士号を持っていたように、「学者」として認められている人物が証明不可能で「非科学的」な理論を敢えて打ち出す場合は、承認される敷居がさらに高くなる。メスメルと同じボーデン湖の湖畔（スイス側）で一八七五年に生まれたカール・グスタフ・ユングも医学部で学んだ正式な精神科医であったゆえに、その東洋的で神秘的な理論が物議を醸すことになったことも同様の現象だ。

メスメルの時代以降、医学や生物学は遺伝子学にまで発展していくわけだが、生物学のすべての現象には心理的、環境的、社会的、そして霊的なものが関係しているという後成遺伝学（エピジェネティクス）が認知されるのは、二〇世紀の終わりを待たなければならなかった。

一七六六年にメスメルが提出した医学部の論文のタイトルは『人体への惑星の影響について』だった。「ルネサンスの占星術の夢想ではなく、啓蒙の世紀の精神の産物である」と銘打ったものだ。

天体はただ空に散らばっているのではなく外的な力に影響され合っているというニュートンの理論はヴォルテールを通して学んだものだった。天体は見えない力によって引かれ合い、バランスを維持するために円を描いて動いたり、力が釣り合う時は静止していたりする。

人体も宇宙のリズムに呼応する。月の満ち欠けによって地球の海が満潮と干潮を引き起こすように、人体にも満潮と干潮があり、麻痺は満月と関係があり、ひきつけは太陽の位置と関係がある。この論文が「占星術への先祖返り」だと揶揄されることがあっても、メスメルは「宇宙医学」という新分野の先駆だと自覚していた。

ともあれ、この論文『人体への惑星の影響について』によってウィーン大学医学部の博士号を得たメスメルは翌年、二〇歳年上ですでに二〇歳の息子のいる未亡人マリア＝アンナ・フォン・ポシュとウィーンのカテドラルで結婚した。彼女の持参金や館を利用できる上に、夫の愛を求めるような年齢ではないから、妻に煩わされず自由に生きることができると踏んだからだ。彼女の側にも社会的な地位が再び得られるというメリットがあった。

夫妻は彼女の広大な邸宅で度々パーティを催し、一二歳のモーツァルトも演奏し、邸宅に滞在して、二つ目のオペラを作曲した。最初のオペラが天才を嫉妬する人々から父親が作曲したのだろうと疑われたことで困窮していたモーツァルト父子を救うことになった。

その後も、モーツァルトはウィーンに戻る度にメスメルの庇護を得ることになった。パリでマリー＝アントワネットにチェンバロのレッスンを授けたオペラ作曲家グルックも、メスメルの邸宅に滞在した。音楽に傾注した社交生活を送る中で、メスメルが医師として通ったのは産科で、新生児に触れることでそのエネルギーを感じたことが、後の動物磁気の感知につながったという。

メスメルは癒すのは「手」だと悟った

一七七〇年、月齢や夏至、冬至の関係を記録していたメスメルは、ウィーンの天文台で働くイエズス会士マクシミリアン・ヘルと知り合った。メスメルの宇宙論にヘルは共感し、スペインの伯爵夫人が胃痛の治療のために磁石を注文していることを語った。

パラケルススが癲癇《てんかん》患者の頭に磁石を当てて治療したという記録を読んだことがあるメスメルは、磁石が体に流れを促すのだと推理して実践することになった。三つの磁石を、服を脱いで横たわった癲癇患者の腹と両腿《もも》の付け根に当てて、目を閉じて馬乗りになると、患者の腹が盛り上がり、脚は硬直し、腕をつかまれたメスメルのひじから足まで冷たい流れが貫通した。

癲癇患者の治療が成功したので、磁石とは月が凝縮したものだと考えたメスメルは、「磁石の医者」として知られるようになった。メスメルは、患部の形状に合わせたいろいろな磁石をヘル神父に注文した。

そんなメスメルが「磁石」を必要としなくなったのは、ヨハン・ガスナー神父による悪魔祓いに医師として立ち会うようにとミュンヘンのアカデミーから依頼されたことがきっかけだった。ガスナー神父は、悪魔の憑依を祓うというより、悪魔によって引き起こされたさまざまな病を癒すことで知られていた。

遠方から訪れた人々が列をなし、神父が十字架を患部に当てて祈ると、治癒を得て帰っていくのだ。彼の評判が高まり過ぎて、プラハとザルツブルクの大司教やローマ教皇までが、それがもはや「悪魔祓い」ではなくて魔術の行使だと疑うようになった。

メスメルが真っ先に疑ったのは、ガスナー神父の使う十字架が磁石ではないかということだった。しかし、十字架はごく普通の木製で、軽さから推しても中に金属が仕込んであるとは思えなかった。

日暮れから一晩中両腕の痙攣が止まらないのが毎日続くと訴える女性が、ガスナー神父の前に進んだ。神父は彼女の両手を自分の両手で挟み、目を閉じてゆっくりと動かした。すると、メスメルの療法では夜にしか現れないはずの痙攣が現れた。そばにいたメスメルの両手までも熱くなった。磁石治療をしている時と同じ感覚が走った。

痙攣は激しくなり、やがておさまった。神父は十字架を取り、祈り、もう悩まされることはないだろうと言った。次の患者を受け入れる前に、神父は合わせた両手に頭をうずめるようにして祈った。

この時に、メスメルは、癒すのは磁石ではなく「手」なのだと悟った。月は「手」の中に凝縮している。その夜、自分の手を凝視し、両手の間に見えない雲のようなエネルギーが湧いてくるのを確認し、神父の治療は十字架ではなく手によるものだと確信した。

そのことをミュンヘンのアカデミーに報告し、水や革を触ることで磁力を与える実演までしてみせたが、結局、神父はラチスボンの教区から追われて隠遁生活で人生を終えた。

サウジアラビアの「手当て」療法

ここで、「手」による治療が、実は古今東西に存在する普遍的なものであることを振り返ってみよう。日本語には治療を表す「手当て」という言葉があるように、手を当てたり手をかざしたりして痛みや病を取り除くというやり方はよく知られている。

今では、「手」の電磁場から発するエネルギーの存在もわかっているし、肌の触れ合いがオキシトシンという「幸せ」ホルモンの分泌を促すことで免疫力を高めたり不安を取り除いたりすることもわかってきた。

体温が高まると放射熱としての電磁波が増大して血流がよくなることで免疫力が高まることは知られている。逆に、遠赤外線による温熱効果は細胞の代謝を高める。手に意識を集中するだけでそのような効果があるとする説もあるが、人体が発する遠赤外線は微量であるから、「治療」の科学的エビデンスはない。

両手のひらを向かい合わせてぎりぎりに近づけて目を閉じると手の間が熱くなってくるのは特殊な現象ではない。腹痛を訴える幼児の腹を母親が愛撫すると楽になるなどということは普通に見られる。

だからこそ、それを特殊な能力であるかのように演出して勧誘や修行に組み入れる「宗教」も生まれる。実際、意識集中の訓練によって、あるいは生まれつきの体質によって、何かの特殊な心身体験（死線をさまよう難病からの回復や宗教神秘体験）をきっかけとして、その能力が高まることもある。

筆者が実際に見聞したり体験したりした例を挙げよう。サウジアラビアに赴任していたあるフランス軍士官の例だ。

彼の自宅には鍼灸師《しんきゅうし》が使うようなベッドがあった。そのフランス軍士官は、数年前にアッシジのサン・フランチェスコ大聖堂を訪問した時に、稲妻が通過したかのような光の体験をして、それ以来、両手からエネルギーを発することができるようになったという。それで、仏政府公認の整体師のいないサウジアラビアで、体の不調や腰痛などを訴える赴任中のフランス兵やフランス系企業の駐在員らを相手にボランティアで「手当て」をするようになり、自宅に治療ベッドを置いているのだ。

その場で、うつ伏せに横たわった初対面のフランス人へのデモンストレーションを披露してくれた。彼が背中に手を触れることなくかざして首から腰の方へと動かすだけで、背中の皮膚が大きく盛り上がり波打って、ぶるぶると震えるのを見た。何かの不具合がそれで解消したのかどうかは知らないが、それだけで十分に印象的な光景だった。

それから一〇年後、私が打ち身から肩関節炎になり、右肩が完全に拘縮《こうしゅく》状態になった時のことだ。痛みだけでなくひじから上がほぼ動かない状態が続いた。

痛いことと動かないことという二つのわかりやすい症状があったので、もちろん標準医学や整体をはしごした後、心霊治療、超能力治療などを試す絶好の機会だと考えることにした。バロックバレエの仲間からの紹介で、パリの一等地に治療院を構える整体師は、表向きは普通の整体師で資格も持っていたが、生体エネルギー療法をする人だということだった。

自分の治療を受ければ治癒までの期間を半減することができる、と言われたが、予測される治癒の時期がわからないのだから「比較」のしようがない。「私はまったく信じていないのですがそれでも効きますか」と質問すると、さすがに困った様子で「少しは信じてくれないと」と答えた。

私は「信じてはいないけれど期待はしているんです」と言ったが、それは本音だった。実際に施術が始まって、彼が私の肩に手をかざすと、奥の方からじわりと熱くなってきた。いろいろ手の位置を変えていき、熱い場所も移動し、終わった時には、すっかり疲れてだるいような気がした。

彼のところには乳幼児連れのカップルもよく来ている。確かに、乳幼児の治療をする時に、直接触れないで済むというのは大きな利点だ。しかも乳幼児はこの種の治療への感受性が強いらしく、彼のところに通う親たちは少なくないようだった。

でも、私の場合はどうだろう。温めるだけなら、別に直接マッサージをしても温湿布を貼るなどしても困らないのだから、手かざしだけで温まるというメリットはどこにあるのかわからない。

もちろん「奇跡」は起きない。その後日本でも、金の棒を使った治療や心霊治療にもトライしたが、実際の鍼灸やら整体やらマッサージに匹敵するような効果はなかった。

「霊に憑かれやすいタイプなので今祓いましたが、すぐまた別のものが憑きます」などと言われるのは気分が悪かった。結局、せっかくの機会だったのに、「すべての医療は時間によって治癒するのを待つ間の時間つぶし」というヴォルテールの言葉を認める結果になってしまった。

手かざしその他で患部に触れることなく温めるなどの技術（能力？）を持った人は確かにいる。そのことに感動するだけで、自分の免疫力が増大する場合もあるだろう。「手当て」が、効を発するのは施術者と患者との関係性や社会的、個人的文脈や心身の感受性など無数のファクターに依拠するのだという当然の結論に落ち着いた。

それでも、感動したのは、メスメルの時代から二五〇年経っても、体の不調を抱えた人々の「神頼み」的心性は変わらないことや、それに対応するシステムもマーケットも存在し続けているということ自体だった。科学史と科学哲学が「オカルト」をどう扱い、どう変えたのか、人々の心性は変化したのかどうかをさらに知るために、メスメリズムの誕生と継承、変性について見ていこう。

ホルカ男爵との出会い

メスメルは手を患部にかざして動かすという治療を何時間も続け、手が発する「磁気」が患部を通した先の部分にも影響することや、直接手を当てることでどう変化するかなど、さまざまな「臨床」を試した。銅製の棒を使うこともあった。もう磁石は使わなかった。磁石はガスナー神父の十字架と同じシンボリックな意味でしかないと悟ったからだ。

しかし、患者たちはメスメルが磁石を持っていないと不安だった。今まで通り、複数の磁石も使うことで患者の信頼感が増すことが、手が発する「磁気」の効果をより高めることは確かだった。

そんな時、一七七五年の夏、ひどい喘息《ぜんそく》に悩まされているというハンガリーのホルカ男爵の城に数週間招かれることになった。三〇歳の若さで死の恐怖にさえ取りつかれていた男爵は、症状の改善ができなかった侍医の勧めで、メスメルの磁気療法を試すことになったのだ。

メスメルはハイドンとモーツァルトの弦楽四重奏曲の楽譜とチェロを持参した。ホルカ男爵はヴァイオリン奏者でもあり、養育係や執事もヴィオラとヴァイオリンを弾くことができた。音楽の癒す力について毎夜のようにフランス語で談義した後で、ロウソクの灯りのもとで室内楽が演奏された。

メスメルが旅をする間ずっとそばに置いておいたチェロは、彼のエネルギーを帯びて不思議な音色を出したといわれる。メスメルの噂を聞いて城を訪ねてくる農民たちにも手かざしを施したり、男爵の親戚のソプラノ歌手の歌によって治療したりした。

ある日、難曲を弾きこなした男爵が痙攣を起こし、メスメルはそれが治癒の前触れだと言ったが、夜中に熱と痙攣と激しい咳きこみを起こした男爵の様子に慌てた夫人が医師を呼び、瀉血法を受けさせてしまった。

翌日城を出たメスメルはウィーンに戻ってから、磁気エネルギーの伝達には磁石そのものは必要でないと公言したため、修道院で磁石治療を続けていたマクシミリアン・ヘル神父は激昂したという。その後、ウィーンの郊外にある妻の邸宅で開設した磁気療法の治療院で、決定的な出来事が起こる。盲目の天才ピアニスト、マリア・テレジア・フォン・パラディスとの出会いだ。

盲目の天才ピアニスト、パラディス嬢の治療

パラディスはモーツァルトより三歳年下で、五歳のモーツァルトが過去にそうしたように目隠しをしてピアノを弾くというパフォーマンスを皇妃マリア・テレジアの宮廷で披露してみせた。パラディスが目隠しをしていたのは、三歳の時に両眼を失明したからだった。クープランの曲の他、グルックやサリエリのオペラの編曲を弾いてみせ、ペルゴレージのスターバトマーテルで聖母の悲しみを歌った時、皇妃は涙を流し、自分と同じマリア・テレジアという名のこの娘に十分な終身年金を支給することを決めた。

それから一〇年以上もの間、多くの医師が彼女の治療に当たった。彼女に視力を取り戻させることは皇妃の歓心を買うことにつながるのが確実だからだ。瀉血、薬草の煎じ薬、頭髪を剃って湿布を当てたり、ベンジャミン・フランクリンが雷から電気を得る実験をして以来注目を浴びる電気によるショック療法を施すなど、さまざまな療法が試されていたが、パラディスにとってはどれも苦痛でしかなかった。

執拗な医療ハラスメントを別とすれば、パラディスは不自由なく音楽を楽しんでいたし、彼女の障害への同情がさらに人気を高め、多くのコンサートで演奏していた。目隠しをしていたのは電気ショックのせいで血走って飛び出した両眼を隠すためでもあった。

一七七七年四月、パラディスが両親に連れられてメスメルの治療院にやってきた。すでにメスメルは視力のない孤児の治療に成功していたが、ウィーンの社交界で有名なパラディスがメスメルの治療を受けるという噂が広がり、これまで治療に失敗してきた医師たちは不安に駆られた。彼らの治療が当時の標準治療であり、最先端治療であるのに対して、手で触れただけで治すなどとは、イエス・キリストか魔法使いだと揶揄された。

飛び出した眼球を磁石で元に戻すことができるかと聞いた父親は、もう磁石は使わないというメスメルの答えに失望したが、手から出るエネルギーでそれが可能なこと、しかし視力の回復にはもっと時間がかかることを説明されて入院手続きをとった。

メスメルは最初からパラディスとの間に「気」を感じることができた。彼女にあてがった寝室にピアノも置き、ニ短調の曲を弾くようにと指示した。自分自身も、最初の治療の前日には、エネルギーを高め、流量が増えるようにと、満月の夜に光を当てておいた磁石を縫い込んだシャツを着て寝た。ガスナー神父が患者の来る前に、目を閉じ、頭を垂れて両手のひらを上にして祈ることで信仰のエネルギーをチャージしていたのを思い出して、同じようにした。

パラディスにはメスメルの手の動きに合わせて呼吸を整えるように指示した。数日後にパラディスは嘔吐し、一七日後の深夜、ロウソクの光の下でゆっくりと目隠しを外すと、眼球の位置は元に戻っていた。メスメルは、さらに数ヶ月後には視力も取り戻せると確信して、それを両親にも告げた。瞼《まぶた》を上げる練習もさせ、朝晩の治療を続けただけでなく、パラディスの寝室に続くキャビネットにベッドを運び、ドアを開けたまま寝るようになった。

パラディスはモーツァルトから贈呈された曲を弾き続けた。音楽は神による創造の憐《あわ》れみの反響だった。メスメルとパラディスは互いを愛撫するようになり、バッハを弾いて落涙した彼女の眼は、かすかな視力を取り戻した。一七七七年五月、一八歳になったばかりだった。

ピアノの鍵盤の白と黒は彼女を惑わした。それまでどの鍵盤も一つの有機的な世界だったからだ。彼女は目隠しを着けたまま演奏することを選んだ。

パラディスが面会に来た父親の服の色を言い当てた時、父親はメスメルに感謝しながらも困惑した。その後で、名だたる名医がやってきて彼女の視力を確認した。メスメルはこの劇的な治癒で彼の名声がウィーン中に轟きわたることを想像して歓喜に震えた。ところが、やがて、すべてが覆る。

秋になって、彼女の視力の回復は不可能だとかねてから主張していたウィーンのバルト教授が、別の二人を同伴してもう一度やってきた。二人はパリ大学の医学教授と、法務書記官だった。

メスメルが、彼女の眼はまだ強い光に耐えられないと抗議したのにもかかわらず、教授はカーテンを開いて九月の太陽の光をたっぷりと入れ、多角形のモデルと色のついた布を取り出した。厳しい声で形や色を問われたパラディスは眩しさと恐怖でパニックになって答えられなかった。その結果を書記に書き取らせて、パラディスの目は見えていないとの診断が下された。その結果、ウィーン中のサロンで、メスメルの「詐欺」が話題になって、入院している女性を裸にして毎夜肌を重ねているのだという噂までが広がった。

パラディスはそれでもメスメルの治療院に残ったが、一一月二八日に、三日以内にパラディスを「解放」するようにという裁判所命令が通達された。三日後、涙に暮れたパラディスは再び視力を失っていた。

パリでのメスメルとオルバック男爵

パラディスが視力を失った次の日、父親がパラディスを迎えに来た時メスメルは奥に隠れて顔を合わせず、その二日後にはウィーンを去ってパリに行くことを決めた。パリには旧知のグルックがいて、『オルフェ』や

『アルセスト』のオペラで成功を博していた。

ウィーン皇妃の娘マリー＝アントワネットは三年前からフランスの国王妃になっていた。グルックはメスメルに、フランス人は新しいもの好きで、科学好き、物理学好きで、パリのカフェでは一日中「電気」について議論していると教えてくれた。パリジャンは退屈を嫌う、ルーティンを嫌う、革命も恐れない、マグネティズムはパリのためにある、とメスメルは確信した。

このことは、同じヨーロッパでも、ゲルマン文化の国とフランスとでは、「エゾテリスム」やオカルティズムの受け取られ方や展開の仕方、変容が今日に至るまでまったく異なることを示唆している。ゲルマン社会にはカトリックが伝わったのが比較的遅かったので、ノルディック神話が残っていて、オカルティズムが習合されずにパラレルに残っていた。

メスメルを迎えたパリでは、すでに音楽のエゾテリスムが色を「波動」としてとらえていた。実際に、振動数の増大が音を色に変えていくことや、振動数の多寡《たか》によって人の知覚する可聴音域や可視光域が変わっていくことなどは、当時まだ発見されていなかった。しかし、音程や調整を色彩と結びつけることは、フランスのゴシック大聖堂建設の基礎にすでにあった。すべて動くものには色があるとされ、惑星にも色があったし、大聖堂の柱の間隔は惑星間の距離の比率であり、歌われるグレゴリア聖歌の調整も色と結びついていた。祭壇は日の出の光を受けるように設置され、冬至や夏至だけに入ってくる日光の進み方に合わせて柱や像が配された。

宇宙の波動と人間の波動と音楽とがなすエネルギーのゆがみを整えるというメスメル療法はすでにフランスの「文化」の中に居場所があったといえる。しかも、フランスにおける「啓蒙の世紀」の合理主義は「超自然」を否定したわけではない。それまで「教会」の中に囲われていた「神秘」を世俗の普遍性の中に解放することで世界を広げることを渇望していたのだ。むしろ、科学が発展するにつれて、「今はわからないがいつかは解明することができるはずの事象」が増えていった。

「宇宙」が地球に影響を与える方法も強度も一定ではなく、さまざまな超伝導ゾーンが存在する。カトリック教会はそれらの「聖地」を丹念にローマ教会のネットワークに囲い込んできたけれど、それらの「超自然」は文化の文脈と切り離して普遍的に応用されるべきものだ、と考えられるようになっていた。

一七七八年二月一〇日、森林の中でエネルギーを補充するためにスイスを経由してメスメルがパリに着いた日は、ヴォルテールがスイスの国境近くでの長い隠遁生活から戻ってきたのと同じ日だった。アカデミーやコメディ・フランセーズ（戯曲『イレーヌ』の初演）でヴォルテールが熱狂的に迎えられたのを見て、自分の成功への期待も高まったが、パリの知識人の世代交代はすでに始まっていた。

病んでいたヴォルテールは数ヶ月後に死に、メスメルが推薦状を持って訪ねたオルバック男爵のサロンにはディドロもダランベールもルソーも、もういなかった。それでもオルバックを前に気が高ぶったメスメルは、興奮のためにどもりながらドイツなまりのフランス語で、あらゆる疾病の治療のユニヴァーサルな原理を発見した、自分の指を通して音楽によって増幅された宇宙の「気の流れ」が患者に伝わるのだと、まくしたてた。

オルバックは、イエスも手で癒したし、フランス国王も手で癒す、あなたも十字架や聖人が必要なのかと冷ややかな反応を返した。聖油によって即位するフランス国王の手による治療は、戴冠式の後の恒例で、列をなす瘰癧《るいれき》（結核性頸部リンパ節炎）患者を次々と治すのが伝統とされていたからだ。啓蒙主義者たちは、カトリック教会によって強化されているこれらの「奇跡」を当然侮蔑《ぶべつ》していた。

しかし、磁気治癒には信頼関係が必要だ。「信じる」ということは「肉体の一つの状態」でもある。頭の中のイマジネーションとは別物だ。メスメルは辱《はずかし》められたと感じ、インゴルシュタットで夢見ていたパリのサロンの時代はもう終わっていたのだと思い知った。

次に訪ねたのはフランス科学アカデミーの会長ジャン＝バチスト・ル・ロワの邸宅だった。前日には、手に「気」を満たすため、ホテルのピアノでスカルラッティとソレールのソナタ（他の作曲家によるソナタと違ってこの両者のソナタは一楽章のみで短い）を何度も弾いた。どちらもスペイン王妃に重用された作曲家で、ソナタを弾くとスペインの空気が吹き込んでくるようだった。

万端を整えたメスメルがル・ロワ宅に赴くと、ル・ロワはじっくり耳を傾けてくれ、互いの「波動」が通じるようだった。彼の前でチェンバロも演奏することができた。ル・ロワの妻の肋骨痛を、手を当てることでその場で和らげ、飲んでいたコーヒーの甘みを増すというデモンストレーションにも成功した。ル・ロワはルーブル宮の一角でアカデミー会員を前にした講演をメスメルのために企画してくれることになった。

しかし、講演の当日は、誰もメスメルの話を真剣に聞くことなく次々と退室していき、興味を持って残った四名だけが、日と場所を改めて集まった。メスメルは彼らの一人の下半身のむくみを取ることに成功し、農民の娘に磁気を仕込んでおいた水を飲ませ、銅の棒で触れることで激しい痙攣を引き起こしてみせるという実演も披露してみせた。

ところが、これらは逆効果で、アカデミー会員を納得させるどころか、「悪魔だ」「茶番だ」、と罵られることになった。彼らにとっては、「説明できるもの」だけが事実であり現実であったからだ。万人に再現可能であったりエビデンスを示したりできないものは「科学」ではなく「偽科学」だ、と決めつける態度は、今と基本的に変わらないものだったわけだ。

アカデミーの会員の考えを変えさせることは無理だと理解したル・ロワは、別の痛みの治療をメスメルに求めていた妻の手前もあり、メスメルを見捨てることはできなかったので、次は「医学ロイヤル・ソサエティ」で磁気療法を発表するようメスメルに勧めた。

医学ロイヤル・ソサエティは、医学上の新発見を認定したり革新を促進したりするためにマリー＝アントワネットの侍医ヴィク・ダズィルが設立したばかりのものだった。しかし、アカデミーでの失敗を教訓に、先に理論を発表するのではなく、実績を重ねてからの方がよいと作戦を変更した。

診療を開始したメスメルのもとには、手足の痺《しび》れ、不眠症などに悩みながら、ラテン語の病名を診断した医師による瀉血や吐剤《とざい》の治療が効かぬままで苦しむ人たちがやってくるようになった。パリの庶民たちもいたし、近郊からお忍びでやってくる貴族もいた。

薄着に裸足という姿の患者を治療した時には、施術の前に音楽によって受容度を高めることから始めるのだった。議会顧問のアングリュール男爵の息子を学業の過労で陥った鬱状態から救ったことが縁で、パリ近郊クレトゥユにある男爵の別荘を治療院として提供してもらえた。男爵の息子は鬱状態から回復した後、議会付きの弁護士、顧問に就任できた。

クレトゥユはパリと違って樹々も多い。メスメルは朝の散歩、軽い昼食と昼寝を済ませた後、午後にだけ治療をした。医師に見放された貴族の特別治療には別枠を設けた。貴族の治療はロイヤル・ソサエティに提出する実例として貴重だったからだ。

体が硬直し歩行もできなかったマダム・ド・ラ・マルメゾンは、メスメルの「手当て」の度に足の指がくるくる回ったり脚をばたつかせたりするなどの反応を見せたが、施療後には麻痺が戻っていた。それでも二七回にわたる施療の末に完治した。

マルチニックの戦い（一七六二年、イギリス軍によるフランス領マルチニックへの侵攻）で高熱を発した後、全身麻痺で体を曲げたまま四年間寝たきりだったオセイの騎士は、メスメルの治療院に数週間滞在して、大汗でシーツを濡らした後、まっすぐ歩いて退院した。失明していたマダム・ド・ベルニィは読み書きできるようになって退院した。全員が、体験談を自書して署名した。

にもかかわらず、この三例の報告書をジャン＝バチスト・ル・ロワがロイヤル・ソサエティに提出した反応は、確認のために予告なしの調査員を差し向けるというものだった。ヴィク・ダズィルからは、明らかにまともにとり合ってはいない侮蔑的な手紙を受け取った。

啓蒙文化人のサロン、科学アカデミー、ロイヤル・ソサエティと、次々全敗した形になったメスメルは、失意のうちにパリに戻った。七ヶ月が過ぎていた。マレー地区に居を定めたものの、呆然とした状態だった。

二ヶ月前に母親を失ったモーツァルトのもとを訪れた。モーツァルトはフランス人に幻滅していた。グリム男爵が手配した医師たちは母を救うことができなかったし、母を失った絶望と怒りの中で作曲したシンフォニーを演奏した時、パリジャンたちは、それが「元気よく、威勢のよい」曲だと評した。

パリもヴェルサイユもモーツァルトを助けず、大口の作曲の依頼もなかった。グリム男爵はパリを去るモーツァルトのためにストラスブルクまでの乗合馬車代を支払っただけだった。

失意のモーツァルトを見て自分もウィーンに戻ろうとしたメスメルを引き留めたのは、グルックだった。グルックは当時パリを二分していたオペラ論争の一方の当事者だった。

ウィーンから来たグルックのオペラとイタリア生まれのピッチーニのオペラをめぐっての論争だった。グルックは作曲中の『トーリードのイフィジェニー』で決着をつけようと思っていた。

グルックはフランス・バロック音楽をよく理解していた。イタリア・オペラでは歌手の名人芸を披露する「アリア」と、台詞《せりふ》に近い「叙唱レチタティーボ」は別物だったが、グルックは、フランス語はささやきの言語で、草の中を流れる小川のように「歌」をかすめていくので、アリアと叙唱を区別する必要はほとんど必要ないと考えていた。フランス語は「終わり」のあるアリアと違って、ひそかにずっと続く呪文のような言葉であり、まさに「磁気」を帯びた言葉なのだという。

パリジャンは物理学好きで、新知識に飢えている。メスメルに必要なのはアカデミックな「お墨付き」ではない、磁気治療によってパリジャンを癒し、癒し、癒し続ければ、人々は熱狂するだろう、とグルックは言った。

もう一つの決定的な出会いは、その年の終わりにグルック邸の晩餐会で知り合ったシャルル・デスロンとのものだった。デスロンは王の弟であるアルトワ伯の侍医であり、ある日、メランコリーに悩む若い女性の治療をメスメルに依頼した。

メスメルが彼女の腹に手を置いて動かすと彼女の体は震えだし、跳ねあがり、口からは泡を吹いたが、やがて、深い呼吸と共に落ち着いた。感嘆したデスロンは、アカデミーやロイヤル・ソサエティの連中は頭の固いやつばかりだ、「治癒がすべて」である大学医学部に論文を提出すべきだとメスメルに勧めた。

次の年メスメルは「磁気理論」を八八頁の論文と二七条にまとめたフランス語の論文を発表した。独身のデスロンはメスメルのアパルトマンに同居するようになり、彼によって癒される人々を目の当たりにして、本格的な治療院を開く協力をした後、二年間も彼のアシスタントとして留まった。

ついに治療が成功

治療院開設の準備は入念に行われた。「手当て」による治癒能力には個人差があるし、環境や訓練によっても効果は変わる。評判が高まり一対一でのケアが難しくなったメスメルは、集団でも最大効果を発揮することができるようにさまざまな「舞台道具」をしつらえることになった。

三ヶ月かけて理想の治療環境をしつらえた。最初にしたことの一つは、ウィーンからグラスアルモニカを取り寄せることだった。グラスアルモニカとは、並べたクリスタルのカップを濡らした指でこすることで「天使の声」と形容される音が出る楽器で、ベンジャミン・フランクリンが改良し、モーツァルトはメスメル邸でこの楽器を知り、数曲のアダージオを作曲している。ただ、これを使うのはまれで、お忍びでやってきたマリー＝アントワネットのように、貴族の患者を迎えた時にだけメスメル自身がこの楽器を弾いた。

通常治療では大きな部屋に据えられたグラスアルモニカの向かい側に、雇った弦楽カルテットを配して、ずっと演奏させた。弦楽器の代わりにクラリネットなど管楽器を使うこともあった。息を吹き込んで音を出す管楽器の方が、患者に痙攣を起こさせるのに適していたからだ。

大部屋の真ん中には、蓄電池のような桶《おけ》が置かれ、大テーブルを囲むようにその周りに一〇名ほどが座った。患者が裸足になれるように床にはペルシャ絨毯《じゅうたん》が敷かれていた。壁には、流体が反射しやすいようにと鏡が貼られ、色や形が患者の集中力の邪魔にならないように窓には緑と紫の厚いカーテンが引かれ、灯りはロウソクで部屋は薄暗かった。

桶の中では、内側に「磁気化」した水を詰めた瓶がびっしりと並べられ、真ん中には硫黄《いおう》や鉄粉が詰められ、水に浸されていた。桶の蓋《ふた》は閉じられているが、可動式の曲がった鉄の棒が内側から出ていて、患者のそれぞれがその棒の先を自分の患部に当てるようにしつらえてあった。

互いに磁気を分かち合ったり、交換したりできるように、全員が手に取れるような長いロープが鉄の棒にからめて張りめぐらされていた。部屋が暗いので、隣に座っている患者同士の髪がもつれ合ったり手や腕が触れ合ったりすることによる効果も計算済みだった。

ばらばらに予約するグループ治療は、午前と午後に三組ずつ三交代で行われた。席順は、性別や年齢、体質、体格などを考慮して、「流れ」が起きやすいようにあてがわれた。

患者らの入室と共にカルテットが、テンポの遅いメヌエットを演奏した。次に磁気の浸透を促すエレガントなラルゴを演奏した後、最初の発作、痙攣の徴候と共に、緩急交互のエネルギッシュな曲に切り替えて、治療の最後はロンドで終わるのだった。最初はアシスタントが患者をリードして、終わりの方で銅の棒を持ったメスメルが登場して、磁気の流れを調整して効果を増大させるという手順だった。

発作の徴候を見せる患者はアシスタントに連れられて、大部屋に隣接して布で防音措置を施された個室に導かれる。完全治癒はその後に起こるのが常だった。それは、メスメルの属していたフリーメイスンの入会儀式と同じで、「死と再生」のシンボルであり、磁気の流れの停滞や滞りが引き起こす体の不調を治すためには一度、病的なバランスを完全に崩壊させてから新しく「整う」のを待つ必要があるという理論だった。

個室に入ることを望む患者も多かったが、メスメルは慎重に選んだ。いったん個室に入ると患者は泣き叫び、服を裂くこともあれば、哄笑《こうしょう》したり罵倒の言葉を吐いたり、あくびを連発したりした。

メスメルは銅の棒を脇に置き、磁気があふれるばかりの両手で患者の磁気の滞っている場所を探った。そうしながら、グルックが語っていたフランス語の流れの「呪文性」を応用して、ラシーヌの悲劇『フェードル』のアレクサンドラン（強弱の一二音節の歌うようなリズム）を暗誦し続けた。体の中で血が凍ったり熱くなったりすることを語った部分の台詞で、そうするうちに患者の発作が鎮まっていくというプロセスだった。

肺炎にも、癌にも、治癒例が続いた。シャルル・デスロンは「磁気治療の治癒症例」記録を医学部に提出した。左半身が麻痺していた貴族夫人には右の腹膜部に手を当て続けることで快癒させたし、騎士の頭痛、軍人の喘息などの治療と快癒には実際に医学部教授らも立ち会ったが、誰も公式にはコメントを残さなかった。教授らの受けてきた教育、薬学者と築いてきた関係、経験値、特権を正当化してきた「正統性」、それらすべてが揺らぐことへの恐れが、メスメルによる治癒例に向き合うことを拒否させたからだ。

結局、一七八〇年九月二五日、医学部は「古来、病人を癒す奇跡のレシピを有していると公言する輩が存在した。そして、医学を知らない民衆はいつも彼らの言葉に騙されてきた」というフレーズで始まる報告書によって「磁気療法」を否認した。デスロンは、過ちを認めないならば医学会への出入りを禁止すると言い渡された。

ユニヴァーサル・ハーモニー協会

サロン、科学アカデミー、ロイヤル・ソサエティ、医学部からの度重なる否認と屈辱で、ついにパリを引き上げようとしたメスメルに、王妃も含めた多くの貴族が帰国を思い留まるよう懇願し、治療院への多額の援助金も提示された。メスメルは「私は狂人だと言われました。真実は金で買えません」という女王への返事を公開した。

次の年から、ベルギーのリエージュに近い鉱泉の町スパに滞在するようになり、そこでリヨンの弁護士ニコラ・ベルガスとアルザスの銀行家ギヨーム・コーンマンと出会った。コーンマンは妻との間に訴訟を抱えていて、ベルガスは彼の弁護士という関係だった。ベルガスは、法廷でひどい喘息発作に襲われるという持病に悩んでいた。

メスメルは、ベルガスが出廷する前夜に磁気治療することで発作を止め、やがて全快させた。妻や銀行のことを考えただけで起こる異常な発汗に悩まされていたコーンマンも、メスメルから磁気治療を受けて全快した。

彼らはパリの「桶治療」を月単位で予約し、メスメルに、クリニック兼磁気治療師の養成所を設立することを勧めた。磁気療法はメスメルのカリスマによる奇跡ではなく、普遍性のある科学なのだから弟子を育てて伝えることは意義があったからだ。

それだけではなく、パリでは思いがけないことが起こっていた。二年間もメスメルと共に働いていたデスロンが、磁気療法の名を掲げ、メスメルの後継者として治療院を開いたのだ。芝生と噴水を配し、発作を誘発する音楽としてはハイドンを演奏し、三文作家を招待して治療の様子を宣伝させた。それらは磁気治療を貶《おとし》める堕落だとメスメルは激怒した。

そんなメスメルにベルガスとコーンマンは、偽物を摘発しメスメリズムを守るために、治療と技術習得に特化した「ユニヴァーサル・ハーモニー協会」の名を公証人事務所で登記するよう勧めた。その協会の会員になるには、まとまった額の「株」を購入しなければならない。

講義や実技の内容は外部に漏らさないこと、全過程を終えても、メスメル自身の許可がなければ実践をしてはならないことなどの規約が定められた。銀行家のコーンマンがパリの邸宅を提供し、財務係を受け持ち、弁護士のベルガスが磁気治療の宇宙的根拠についての大々的な紹介文を書き、熱弁をふるった。

メスメルの役割はイニシエーション、治療のアドバイス、「秘密」の開示などで、フリーメイスンのグランド・マスターのような地位に就くことになった。実際、治療院兼研究所の壁にはエジプトのシンボルやヒエログリフを描かせ、「イニシエーション」の儀式も文書化するなど、貴族やブルジョワに浸透していたフリーメイスンのネットワーク利用を最大化するようにしつらえた。

協会はまたたく間に大成功を博した。邸宅は広大だった。毎日の治療には三つの桶を置ける大広間に、「発作」患者を隔離できる複数の個室や休息用の個室の他に、長期療養者のためのアパルトマンもあり、上階には、協会員のための講習室があった。

一七八四年の最盛期には、本部のあるコック・エロン通りには何台もの馬車がいつでも列を連ね、メスメルの治療院はオペラ座よりも人気があるといわれるほどになった。サロンでも、カフェでも、メディアでも、「磁気」が話題になった（後にモーツァルトのオペラ『コシ・ファン・トゥッテ』（一七九〇）の中で、一幕終わりに「これが磁石というものだ。メスメル博士の石！　ドイツでできて、有名になったのはフランスで」という治療シーンがあるほどに知名度は上がっていた）。

ユニヴァーサル・ハーモニー協会の会員には、後に人権宣言の一部を起草するアドリアン・デュポールやラ・ファイエット、デュヴァル・デプレメニルなど、未来のフランス革命を担う錚々たる指導者たちが名を連ねて、メスメルの治療法を学んだ。ラ・ファイエットはメスメルの許可を得て、三度目のアメリカ滞在で磁気療法を紹介した。フリーメイスンのネットワークがそれを容易にした。

フランス革命の推進者たちがメスメルに共感したのは決して偶然ではない。そもそも、宇宙と人間をつなぐメスメルの「磁気」は、そのバランスが狂うと心身を不調にするが、自然や別の人間が磁気を分けたり与えたりして癒しにつなげるという点で、フランス革命の精神につながる「平等」と切り離せないものだ。メスメルのパトロンとなったコーンマンも百科全書派だった。

啓蒙文化人サロンも医学アカデミーもロイヤル・ソサエティも、所詮は特権的なエリートの集まりであり、庶民に優越していたが、メスメルはすべての人間ばかりかすべての被造物は、彼が磁気（当初は磁石のインパクトが大きかったからこう呼んだが、いわゆる磁力とは関係がないことをメスメルは知っていた。細胞の電磁場の存在はもちろんまだ知られていない）と名付けた一種の生命力を共有しているとした。その流れが滞ると、王侯貴族でも病に倒れるのだ。

実際メスメルのところには、あらゆる階層の人々がやってきた。本来「磁気」は普遍的なものであり、無償のものである。もちろん、貴族やブルジョワからは、場所や道具を提供してもらい報酬も受け取った。それが成り立ったのは、イエス・キリストが市井の人々にさまざまな奇跡の治癒を与え、フランス国王が即位後に瘰《るい》癧《れき》の治療をするというカトリックの伝統が、文化の基盤にあったからだ。

そこではすべての人が「神の子として平等」であるはずで、フランスの病院や看護施設はカトリックの修道会が経営していた（フランス革命で修道会が解散させられた後も、革命政府が看護師として修道女を呼び戻す場合もあったほど、修道女は看護師として活躍した）。磁気治療が大評判になってからは、メスメルは庶民の地区に完全に無償の治療院も開いていた。平等理念、すべての人が健康に暮らせる権利を有する人権理念と合致しているのだ。

メスメルが「磁気」を誘発し、流れをよくするとして使用したバロック音楽は、「数学」と両立する理論に基づいていて、普遍的な「心身音楽」を標榜していた。啓蒙の世紀の「普遍」とは、ある文化の優越を広げる帝国主義的普遍ではなく、人類学的確信にまで根づいた普遍だった。それは、ルネサンスと大航海時代による「人類の多様性」の発見の後で、すべての宗教の根源となる普遍的なフィロソフィア・ペレンニス（永遠の哲学）が存在するという革新的な発想だった。

永遠の哲学は、宇宙も人体も貫く。人体の中には小宇宙が宿って、大宇宙と照応しているのだ。磁気治療はその探求の一つの成果であるとメスメルは自認していた。

同時代の科学のエスタブリッシュメントからは、メカニズムを実証できないのは「魔術」だと忌避された磁気療法だが、メスメルのテクニックは、秘密でもなく閉じたサークルの中でだけ実演されるものでもなかった。その意味では「オカルト（陰秘）」ではない。

ルネサンスにはユダヤの数秘術（カバラ）も再発見されてキリスト教カバラとして聖書解釈に影響を与えたが、フィロソフィア・ペレンニスは、ユダヤ教だけでなく異教や異文化の源流も探る試みだった。西洋のエゾテリスムは、まず、キリスト教初期のアレキサンドリアに広がったネオプラトニズム（プラトンのイデア論を継承し、万物は一者から流出したととらえる思想）、次に一〇世紀から一二世紀のイスラム圏で再興したネオプラトニズム、一二世紀のシャルトル学派、フィレンツェのマルシリオ・フィチーニのアカデミー、一六、七世紀の薔薇十字団思想を通じて、連綿と続いてきた。その時々で科学知識の発展や宗教事情などに適応しながら通奏低音のように連なってきたのだ。フランス革命とナポレオン戦争の後には、ロマン主義のデカダンスの中で拡散し、一九世紀末から第一次世界大戦の前まで新たに神秘主義の源流へのアプローチが始まった。

プラトンも、ピタゴラスもプトレマイオスも、世界を理解するために、知覚可能な現実を超越する普遍的なアーキタイプを想定していた。音楽は、可視と不可視の二つの宇宙を結ぶものでもあった。だからこそ、ケプラーもニュートンも、エゾテリスムを軽視するどころか大いにインスパイアされていたのだ。

フランス革命は、「聖なるもの」の権威を帯びて特権を行使する王権や教権を否定したが、「超越的」なものを否定していたわけではない。キリスト教に囲い込まれていた三位一体の神を排除はしたが、「超越との調和」を図るという伝統そのものは途絶えていなかった。フリーメイスンが「宇宙の設計者」としての神を立てたり、古代エジプトの秘儀などに模した典礼を作り上げたりしたのも、革命政府がカトリックの聖堂を「理性の神」の神殿に置き換えたのも、「普遍的人権」を謳《うた》い上げたのも、キリスト教の神を代替するものだった。

少なからぬフリーメイスンが古代エジプトの秘儀を取り入れたのも、ギリシャ＝ローマ、ユダヤ＝キリスト教の流れに固定化されて体制化した社会を活性化させるために、別のルートでの「超越」を導入するのに適していたからだといえる。

宇宙を視野に入れた「磁気治療」は、啓蒙の精神、自由と平等に根差す同胞愛の精神に合致していた。フランス革命は「虐げられた庶民が突然蜂起した」ものではない。啓蒙の精神を共有した聖職者、貴族らが、少しずつ、確実に積み上げていったもので、メスメリズムはその流れをとらえ、流れに添うことで普遍性を獲得したのだ。

メスメルから磁気療法の「免許」を受けた者にはカトリックの司祭もいた。アウグスティヌス会の図書館司書だったエルヴィエ神父は、本を手に取る度にひどい頭痛に襲われていたが、メスメルの治療を七度受け、体が猛烈に熱くなり、右半身にだけ大汗をかいた後で治癒した。神父は磁気治療の講習を受け、メスメルの許可を得て、修道院内に磁気の桶を設置して治療活動を始めた。

ある時、教会内で治療していた一人の若い女性が説教中に痙攣を起こしたことがスキャンダルになり、パリ大司教から治療を禁じられ桶も撤去された。キリストの働きを錬金術、カバラ、自然魔術と結びつけて人間と自然を再統合する神秘思想家として高名なルイ＝クロード・ド・サン＝マルタンもメスメルの協会に入会した。

体制内の実証科学から承認されることを断念して以来、革命に突き進む者、エゾテリスムの統合理論を提唱する者などを通じて、メスメルの磁気理論は広く拡散していったというわけだ。やがて、このような「会員」

や「免許」を得る者が半年で一〇〇名にも上り、一気に莫大な財産を築いたメスメルは、その金を年金積立として国庫に預けた。フランス革命によってそのすべてが失われることになろうとは思いもよらなかったことだろう。

メスメルの転落と神秘主義

そんな全盛期を迎えたメスメリズムだが、それを終焉に至らせる三つの事件があった。まず、ロイヤル・ソサエティに委託された調査委員会が、メスメルの拠点ではなく、磁気治療を名乗るシャルル・デスロンの治療院を「調査」して、発作は磁気に関係のないイマジネーションによって起こり、イマジネーションなしに磁気は存在しない、と結論づけ、治療停止を命じた。科学アカデミー会員でもある委員会のメンバーは、パリ市長で天文学者であるジャン゠シルヴァン・バイイ、ベンジャミン・フランクリン、近代化学の父と称されるラヴォワジェ、内科医のジョセフ・ギヨタンなどで、デスロンの治療院調査の結論は動かなかった（彼らもフリーメイスンで啓蒙思想家だったが、このうち、バイイもラヴォワジェも革命後の「恐怖時代」にギヨタンが一七八九年の憲法制定議会で提唱したギロチン台で処刑されたのは運命の皮肉だった）。

政府は治療停止の強制執行はしなかったものの、政府に敵対的な議会が強硬策を唱えたことで、世論が二分された。化学者で同じくラヴォワジェに否定されていたジャン゠ポール・マラーや『物理学新原理』を発表していたジャン゠ルイ・カラなど「普遍的な流体」説を唱える科学者も存在し、彼らは磁気療法を黙認していた。カラとマラーは体制内科学に支えられる王政を批判しフランス革命で積極的な役割を果したが、革命の嵐の中で二人は敵対する立場となり、カラはギロチン台で処刑され、マラーは暗殺されるという運命をたどっている。

フランス革命の源流にいるのは、絶対王政や王権と結びついたカトリック教会の圧政によって虐げられた庶民や啓蒙精神に目覚めた思想家たちだけではない。彼ら以前に、物理学や生物学、医学での既存学問の枠や境界を越えたが故に、不当に扱われてきた多くの科学者のルサンチマンが存在していた。メスメルの唱えた万物を動かすという「磁気」は、「共和国」が目指す普遍主義のシンボルともなったのだ。

この第一の危機において、メスメルが擁護を期待していたマリー＝アントワネットも、ウィーンに戻っていたグルックも、沈黙を通した。同じくウィーンでハイドンと付き合い始め、フリーメイスン入会の準備に忙しかったモーツァルトも、メスメルに応えなかった。

第二の危機は、一七八五年の春に起こった。その雄弁を駆使して磁気治療習得の講師を任されていた弁護士のベルガスの背信だ。磁気治療を講義するうちに自信過剰に陥ったベルガスは次第に逸脱するようになっていた。彼はもうメスメルの「手」を必要とせず、自分の発する言葉の力を信じ、過度の平等意識から「すべての人にすべてを説明できる」と確信したのだ。

ところがメスメルの治療では、「説明できない領域」「知覚できない領域」「超越の観念」を患者が分け合う必要がある。絶対の信頼という枠を作るには、治療者は超越に属する「秘密」を獲得した先人でなくてはならない。ところが、ベルガスや銀行家コーンマンの先鋭化していく社会変革志向は、秘密の保持者という特権を否定するようになった。その結果、二人は平等主義によって治療の無償化を唱え、メスメルが拝金主義であると批判するようにさえなった。メスメルは彼らを協会から除名せざるを得なくなり、彼らはマラーやロベスピエールと交流して、後に最も急進的な革命の担い手となった。

三番目の痛手は、やはりメスメルのハーモニー協会で学んだシャストネ・ド・ピュイセギュール侯爵の逸脱だった。元帥を祖父に持つ名家出身の侯爵は、一七八二年に会員となった二人の弟に続いて二年後にイニシエーションを受け、ビュザンシーの城で、メスメリゼーションという名を持つ治療を始めた。

最初は城の使用人の病を手当てしていたが、ある日、胸の痛みを訴えるヴィクトール・ラースという農民男性に施療した時、メスメル療法の痙攣とは逆のことが起こった。手を当てるとラースは深い眠りに陥り、やがて半眠の状態でピュイセギュールと会話し始めたのだ。教育を受けていない無知な農民なのに、ピュイセギュールとの質疑応答が成り立ったばかりか、自分の体の状態や治癒の過程についてまで整然と語ったと記録されている。

これをきっかけに、ピュイセギュールは、「手」の動きが誘導する生理的なプロセスによって治療するというメスメルの理論を覆して、病人には自分で自分を治す力があり、メスメルの治療過程で起こる発作はアクシデントに過ぎないと唱えるようになった。その後、領民たちに無料で治療を施しては、その結果を報告させた。治療を受けようと人々が押し寄せたので、ビュザンシーの広場の泉のそばにそびえる樹齢一〇〇年の楡《にれ》の大樹に「磁気」を活性化して、人々がつながる長い紐を巻くなど「桶」治療のヴァリエーションも行った。

ピュイセギュールは「動物磁気」についての最初の論文を一七八四年五月に発表し、ルイ一六世に請われた二例の公式記録も出版した。一七八五年にはヴィクトル・ラースをパリに連れてきて、メスメルの前で「実演」をしてみせた。同じ年、出征先のストラスブールでフリーメイスンのために講演し、動物磁気の普及を目的とした盟友調和協会を設立し、二〇〇人もの後進を育てた。翌年には、ボルドーやリヨンにも広がった（フランス革命で調和協会は消滅したが、生き延びたピュイセギュールは、共和国で元の所領のソワソン市長になって研究を続けた）。

ピュイセギュールの手法は、手を当てると患者が眠りに陥り、会話し始めるというものだった。ピュイセギュールは「メスメリズム」「動物磁気」という言葉を使い続けながら、その手法を続けたので、いつのまにか、人々の語るメスメリズムの内容は「人工夢遊病」といういっそう不思議なものにすり替わっていった。

施術者との信頼関係が必要で、施術者自身もその可能性を信じて応じることが前提であることは、メスメルの磁気治療に通じるものだったが、いったん「崩壊」させて再生するという癒しの過程を信じるメスメルには、催眠状態で潜在意識に語らせる癒しの催眠療法は到底受け入れられなかった。

このように、メスメルにとって栄光の頂点にあった一七八四年は、同時に、前述の三つの痛手を被った年ともなった。すでに十分な蓄財のあったメスメルは、一七八五年六月にパリを後にした。秋にリヨン、ボルドー、ストラスブール、マルセイユにある協会支部を回って視察したが、いずこも催眠療法だけでなく神智学にも染まっていた。

スウェーデンのプロテスタント神学者エマヌエル・スウェーデンボリが「霊視」や霊界で授かった「智」についての著作は当時ヨーロッパ中で読まれていた。彼の死後の翌年一七七三年には、フランスのアヴィニヨンでスウェーデンボリ理論にのっとったフリーメイスン組織が設立された。この神智学がすでに「動物磁気の催眠療法」に影響を与えていたわけであり、このように変異したメスメリズムと共に継承されていき、一九世紀にブラヴァツキー夫人の唱えた近代オカルティズムの「神智学」へとつながっていった。

メスメルはストラスブールでピュイセギュールが設立した盟友協会にも赴いた。治療のパフォーマンスを視察したが、「手」の役割は催眠状態を促すだけで、後は朦朧《もうろう》とした患者自身が延々と自分の状態を診断し、薬や治療期間までを語るというものだった。

リヨンの協会ではルイ＝クロード・ド・サンマルタンによって、メスメルの磁気療法理論はあらゆる種類の新しい神秘主義によって覆いつくされていた。もはや「病を治す」ことが目的ではなく、秘密の知識や高度な啓示を受ける状態を出現させるためのパフォーマンスが繰り広げられていたのだ。唇は震え、目はらんらんと輝き、天からの使いによって書かされたわけのわからない文字が分厚いノートに書き連ねられていく。

メスメルが去った後でサバレット・ド・ランジュ侯爵に委ねられたパリの協会はといえば、侯爵の始めたフリーメイスンの「盟友」ロッジの下部組織になり果てていた。メスメルがウィーンの産院で新生児に触れて感知した脈打つエネルギーはもはやどこにもなく、「手」や「音楽」が誘発する「磁気」もなく、ただただ「天界との通信」を語る言葉ばかりが至る所で増殖していた。

メスメルとラ・ファイエットとフランス革命

メスメルがウィーン、パリ、ロンドンを回る間に、フランス革命が勃発した。フランスでは、すでに貴族・聖職者・平民からなる「三部会」が成立していた。免税の特権を自ら放棄したいと申し出る貴族もいたほどで、啓蒙の世紀の光を受けた人々はすでに「平等」の理想を享有していたのだ。

とはいえ、平民である第三身分からの要求はなかなか通らず、六月に、第三身分だけでなる「国民議会」が発足し、独自の憲法制定を目指した。その先頭にいたのが、後のパリ市長で科学アカデミー会員のジャン＝シルヴァン・バイイ（デスロンの磁気治療を禁止したメンバー）で、人権宣言案を提出したのは、メスメリズムの実践者であるラ・ファイエットだった。

その後、パリの国民議会とヴェルサイユの宮廷とは「平等」政策で対立したまま膠着《こうちゃく》状態にあった。パリには多くのブルジョワや少数の貴族だけでなく、平民は士官に昇進させないという国王の宣言にいきりたった兵士たちが集まっていた。ヴェルサイユの宮廷にいる国王は、それを牽制するためにスイス人とドイツ人の傭兵によってパリを包囲させた。

七月一二日、スイスの傭兵と群衆がシャンゼリゼで衝突したのをきっかけに、市民はパリ防衛のために武器を調達して、ラ・ファイエットが指揮官になった。すべての将軍、軍隊の指揮権を持つ国王は、この危機に何の対応もしなかった。緊張状態が続いていたが、貴族も国民議会のメンバーもあれこれ作戦を練っているだけで動かなかった時、七月一四日に武器を求めた人々が自然発生的にバスティーユ要塞を攻撃した（バスティーユに投獄されていた人は当時七人しかいなかった。生存条件の悪い屋根裏や地下の監房は改装準備中だった。政治犯らが収容される部分は環境がよく、貴族にはアパルトマンが与えられ従者も同行できたし、外の散歩をすることもできた。パリの情勢が緊迫して外出禁止となったサド侯爵は「虐待」を訴えて革命直前に解放されている）。

臣民の生殺与奪権を持つ支配の象徴だったバスティーユが壊滅したというのに、王はパリを攻撃することなく、三日後にヴェルサイユからパリにやってきた時は、新市長となったバイイから三色の記章を渡され、武装した人民の前に立った。こうして国王と人民の「同盟」が成立した。

そんな王の妥協に抗議して、行く先を懸念する王族や大貴族らが次々と亡命を始めたが、すでに啓蒙思想に感化された貴族たちは、自分たちの特権を犠牲にしても革命を支持した。教会からは一〇分の一税が廃止され、教会財産は没収された（一〇分の一税は国内の教育施設や療養施設のほとんどを経営する修道会の資金にもなっていた。これを廃止したことで、教育と医療は、今に至るまで共和国最大の公共行政となっている）。

結局、七月一四日のバスティーユ監獄攻撃以来、武力の衝突はほとんどないままだった。国民議会は封建制を廃止し、「人権宣言」を用意した。その流れの中で王は孤立していたが、議会が失敗することを期待して、人権宣言を裁可する署名をしないままヴェルサイユに戻っていた。そのうちに経済は窮迫してパリは飢饉に襲われたが、権利と義務、尊厳の意識に目覚めた人民は、貧乏人に至るまで、なけなしの寄付を惜しまず、国民議会に期待をかけた。

ラ・ファイエットらは王と人民の間に立って調整を試み、共和制への橋渡しとして王の世襲制を認め、民主的王政（立憲民主制）を目指すなどの歩み寄りを続けた。しかし王は議会決定に対する拒否権は奪われないままだったので、ヴェルサイユで近衛兵《このえへい》に宴席を設けるなどの生活を続けていた。

小麦の流通をすべてヴェルサイユの政府に握られていることでパリではパンが手に入らないという「飢饉」（実際の収穫飢饉は一七九四－五年にかけての零下二五度にも達した寒波で起こった）が深刻になっていった。

一〇月五日の朝、中央市場に集まっていた女たちが、ヴェルサイユから王の一家をパリに連れてくれば解決すると言って「蜂起」した。

七、八〇〇〇人もの女が「パンと武器を！」と叫んでパリ市役所に乗り込み、兵器庫から大砲を奪ってヴェルサイユに向かった。国民衛兵も彼女らには発砲できず、バイイもラ・ファイエットもなすすべを知らずに姿を隠した。

女たちの行進の後方でバスティーユ義勇隊が守っていた。その他に女たちと行進を共にした一〇〇名ほどの男の中に、メスメルがいた。医師であるメスメルはそばにいる有用性を認められたからだ。雨の降る肌寒い中を六時間もかけてヴェルサイユに着いた何千人もの女たちの高揚の中で磁気エネルギーの横溢《おういつ》をはっきりと実感したメスメルは興奮した。

しかし、午後三時に狩りから戻った王は、代表者の話を聞いてから数時間後にようやく「穀物の輸送を自由にする」という通達を出しただけだった。身の危険を感じた王妃は逃亡を望んだが、威厳を保ちたいことと、オルレアン公に王位を奪われたくない立場の国王は、逡巡した。その王も、女たちに続いてラ・ファイエットらがパリを出発してヴェルサイユに向かっているという報告を聞いた後の午後一〇時、ついに、「人権宣言」の裁可の署名をした。

ラ・ファイエットはこのような女たちの突然の蜂起を望んでいなかった。なぜなら、彼にとっては、七月一四日のバスティーユ攻撃こそが磁気治療における「痙攣発作」に相当し、その後は、民主的体制への移行が再生であり、当時は再生の前に討論を重ねる沈静期に当たるはずだったからだ。それなのに、第二の「発作」

が起こってしまったわけだ。

　はじめはとりあえず姿を隠していたラ・ファイエットも、雨の中をヴェルサイユに出発した女たちを見て、その圧力に屈した。結局、数千人の人民と一万五〇〇〇人の国民衛兵と共に日没後パリを出発してヴェルサイユに向かうことを決断したのだ。真夜中過ぎに到着したラ・ファイエットは、ロベスピエールのいる立憲議会に立ち寄り、国王には保護を約束した。憔悴しきったラ・ファイエットはその後でメスメルのもとにやってきて、昼間の女たちと共にした行進の熱気を受けて「磁気エネルギー」があふれていたメスメルから二〇分ほどの「手当て」を受けた。

　翌日の早朝には混乱に乗じた盗賊が宮廷内に入り、小競り合いが起こって犠牲者も出た。事態を鎮静させるためにラ・ファイエットは、王を説得して王妃と皇太子と共にバルコニーに立たせた。「オーストリア女を殺せ」という声に怯えて恐る恐る幼い息子と王のそばに立ったマリー＝アントワネットだったが、彼女の手にラ・ファイエットが恭しく接吻した時、女たちは王妃の美しさと母性に感動して歓声をあげた。

　彼らの望みは王が（小麦と共に）パリへ来ることだと理解し、安堵した国王一家は議会のメンバーたちと共に、午後に馬車でヴェルサイユを発って夜にパリ市役所に到着した。迎えた人々は「国王万歳」と叫んだ。彼らは二度とヴェルサイユに戻ることはなかった。パリは彼らの監獄と化した。

　王一家がヴェルサイユのバルコニーに立ち、民衆が「パリへ！」と叫んだ歴史的な瞬間、メスメルは失神した。ラ・ファイエットによってパリの住居に送り届けられたものの、その後五日間も高熱の中で意識朦朧とした状態が続いた。

医師の診断は、氷雨《ひさめ》の中での行軍で風邪を引いたというものだったが、メスメルが意識を取り戻した時には、「磁気」の力が消滅していた。両手を合わせて近づけても冷たいままで、樹の幹に触っても、何も感じられなくなっていた。チェロもグラスアルモニカも演奏しなくなった。

彼ができたのはメスメリズムの政治原理についての著作を完成させることだけだった。革命の年の年末には、すでに自分の金を引き出せなくなっていたのでパリを去ったが、すぐにウィーンに戻らず、故郷のコンスタンツ湖畔に滞在した。それでも「磁気」の感触は戻らぬままだった。翌年の秋、妻が死去した後でウィーンに戻ったが、困窮していたモーツァルトからの援助の頼みにも応えられない状態だった。モーツァルトは一二月に世を去った。

メスメルは一七九三年には公証人に署名を求められてパリに戻ったが、折しもナポレオンがオーストリア帝国を解体しようとしていた時期であったから、ウィーンに戻ると反王政の共犯だと疑いをかけられて投獄され、二ケ月後に追放された（ラ・ファイエットも、ジャコバン派などの急進派を批判した後、前年に逃亡を図って五年以上も投獄生活を送ったが、ナポレオンに釈放され、その後も一貫して自由平等の精神を貫いた。一八三〇年の七月革命においてさえ民衆の信頼を得ていたことは特記に値する）。

メスメルはいったんコンスタンツ湖畔に引き上げるが、一七九八年、総裁政府（ディレクトワール）下のパリ（一時期はヴェルサイユにも）に戻った時には、メスメリズムを口にする人はもう誰もいなかった。メスメルはパリで財産の一部を回収し、翌年には回想記を執筆し、失った年金積立の賠償として総裁政府から四〇万リーヴルを受け取ることにかろうじて成功した後で、スイスのトゥールガウ（チュルゴヴィ）に戻った。彼が嫌った「催眠術」としてのメスメリズムは知られていたが、メスメル自身の存在は誰からも忘れられていった。

フランスとドイツのメスメリズム

それ以来、「動物磁気」はドイツとフランスで別々の運命をたどることになる。革命前には、「人」も「考え」もドイツとフランスの間を自由に行き来していた。ストラスブールとスイスがこの二つの文化の橋渡しをしていた。

メスメルの最初期のドイツ語テキストは直ちにフランス語に訳されたし、後にフランスで発表した多くのテキストもドイツ語に訳された。けれども、後にドイツ・ロマン派に決定的な影響を与える『メスメリスムス(Mesmerismus)』は、フランス語原稿からドイツ語に訳されて出版されたにもかかわらず、一度もフランス語に訳され直すことはなかった。

一九世紀の初めのフランスでは、ピュイセギュールの「人工夢遊病」と、一八一三年にその弟子ドゥルーズが書いた解説書によって「動物磁気」が再び語られたが、すでに催眠状態における心理学と心霊主義に傾いていた人々の心をつかめなかった。ロマン派のバルザックやユゴーは「動物磁気」に興味を持ったが、医学アカデミーは一八三七年、あらためて「メスメリズム」を否定した。

学者や哲学者の多くも疑念を抱き、一八六一年には、人気のサイエンスライターでジュール・ヴェルヌにも影響を与えたルイ・フィギエが『近代における驚異の歴史』の中で「理性が進歩すれば狂信者たちが歯ぎしりする」というヴォルテールの言葉を引いて、一八世紀のメスメリズムを揶揄した。修道院や墓場での集団ヒステリーと同じく、メスメリズムも単なるヒステリーのトランス症状だと切り捨てた。

フランスでメスメリズムの「催眠」や「発作」の症状に別の光が当てられたのは一九世紀末のことだ。一八八〇年代のパリで、サルペトリエール病院のジャン＝マルタン・シャルコーと彼の助手だった神経学者ポール・リシェが大学と病院に催眠実験を導入し、「深層心理学」を開始した。それとは別にナンシーでも「ナンシー学派」が起こりつつあった。

過去にハーモニー協会があったストラスブールで「動物磁気」の文献を発見した医師リーボーが、ナンシーに作った治療院で催眠療法を実験して、一八六六年にその成果を発表した。睡眠の種類や催眠状態の特徴、神経系や幻覚について書いたもので、これがナンシーの著名な内科医イポリット・ベルンハイムの目にとまった。

ベルンハイムも催眠療法士となり、催眠における患者側の信頼や暗示の重要性を明らかにした。催眠状態には外科的麻酔の補助など実際に臨床の用途があることも次第に理解されるようになった。そこには、原初の動物磁気やメスメルの影はもうなかった。フランスのメスメリズムは医学ではなくエゾテリスムの中で継承されることになったのだ。

ドイツでのメスメリズムは別の運命をたどった。メスメリズムの復権はメスメルの生存中に始まったのだ。メスメルにとって新しい転機となったのは、すでに隠居中の身だった一八〇九年のことだった。ドイツの自然哲学者であるローレンツ・オーケンがドイツに住んでいたメスメルを訪問したのだ。

「自然哲学」とは、すべての宗教の根源を探ろうと試みたルネサンス時代のフィロソフィア・ペレンニスと同じ流れにあって、宇宙を含めた自然のすべての現象を説明し、司る原理を研究するものだった。その「普遍」志向は、カントやフィフテの流れを汲むもので、メスメルの理論に触発されたオーケンは、ドイツの医師たちに直ちにメスメルと会うべきだと主張し、ベルリンにあったプロイセンで屈指の病院がメスメルを招聘した。

すでに高齢だったメスメルは辞退したが、教育大臣はプロイセンの医学アカデミー会員である「メスメリスト」のクリスチャン・ウォルファルト医師を派遣して、一八一四年にはウォルファルトの翻訳でフランス語の論文のドイツ語版がベルリンで出版された。

翌年の三月、脳卒中で右半身麻痺を起こしたメスメルは、数日後に心臓麻痺で死去した。メスメリズムがドイツ・ロマン派に大きな影響を与えることになるとは想像もできなかったにちがいない。

自然哲学の偉大な先駆者とされたヨーゼフ・エンネモザーは、『魔術史』(一八二三)でメスメリズムを古代魔術と錬金術師としてのパラケルススの流れに位置づけた。シューマンらの楽曲に歌詞を提供した詩人で医師のユスティヌス・ケルナーは一八五六年に出版した自伝で、メスメルへの崇敬を語った。

以来、メスメルの名は、ドイツの「超能力史」の中に刻まれることになった。神智学のカルル・キーゼヴェッターは『近代オカルティズム史：ネッテスハイムのアグリッパからカルル・デュ・プレルまで』(一八九二)の中でメスメルに多く言及し、彼の生涯と理論についての本も出している。

アグリッパは一六世紀のカバラ研究家で、オカルト哲学の書物を出し、「魔女裁判」で弁護にも回った人で、カルル・デュ・プレルは一八六八年の論文『夢解釈』以来、八〇年代のミュンヘンで心霊学サークルを大流行させた立役者だ。宇宙進化論も唱え、心理学や無意識の研究が自然哲学から自然科学に接近するきっかけも作った。医学者の関心を惹きベルリンの病院の招きを受けたメスメルだったが、結局、フランスと同様、オカルトに近い分野に回収されていったわけだ。といってもドイツとフランスではニュアンスは少し違う。

キリスト教が入ったのがイングランドやアイルランド、ラテン地域に比べて遅かったドイツには、ゲルマン神話の自然信仰がすでに根付いていた。ドイツにはキリスト教の人格神、神の子の説を否定する「精霊教」がベースにあった。それは、万人は同一の精霊から分化したもので、「心霊大流動」が人格として発展する「霊魂の不滅」があるとするものだ。

この考えはメスメルの「動物磁気」説と合致している。無意識とは可視化できないオカルト（陰秘）であり、催眠こそはオカルトの扉であるとされた。宗教神秘主義と袂を分かつために「実験」を取り入れたことも「心霊学」の特徴だった。

西洋近代における「キリスト教離れ」が、オカルティズムに市民権を与え、新しい「普遍」に合致したのだともいえるだろう。魔術や悪魔学からの離反が、後の「心理療法」の誕生につながっていった。

明治末期から大正時代の日本で教鞭をとったラファエル・フォン・ケーベル博士はカルル・デュ・プレルの友人で、哲学者、ピアニストであり、ドイツ・ロマン派を通した「精霊普遍宗教」は、アニミズムと親和性のある日本でも哲学として受け入れられやすかった。

スウェーデンボリの霊魂論を否定したカントのように、ショーペンハウエルも死後存続論や霊魂論をキリスト教の文脈では否定していたが、観念論と唯物論の二元論でなく生と死の境界に「生命の意志」を想定した。後に、「死後の世界」は哲学のテーマから消えていき、「スピリチュアル」というカテゴリーへと分化していくのだが、変異を続けるメスメリズムがそれを促進する一要素となったことは確かだ。二〇世紀にはドイツの眼科医で代替療法学者ルドルフ・ティシュナーが、一九四一年に共産主義史家カール・ビッテルの協力でメスメルの詳細な研究書を出版し、「超心理学」という用語も定着した。

医学の臨床では、ウィーンのユダヤ人生理学者ヨーゼフ・ブロイアーが、頭痛、麻痺、幻覚などの多重障害を持つ女性ヒステリー患者の治療を通して「談話療法」を発見し、一八九五年にフロイトと共に『ヒステリー研究』を出版した。ドイツのメスメリズムはロマン派にとっての「究極の科学」となり、今も続く心理療法、精神分析学へと紡がれていったのだ。

このように、メスメリズムは、フランスとドイツで違う形で変容した。一方で「医学」の中での一定の市民権を獲得したと共に、一方ではさまざまな「エゾテリスム」や「オカルト」に枝分かれした。

一九六〇年代にアメリカで紹介され、ニューエイジ思想にも影響を与えた。しかし、今日、メスメリズムはよくいっても「集団催眠」でしかないという理解がほとんどだ。医学が電磁場を発見し、量子力学が生まれ、感情を含む脳神経活動と肉体が密接に結びついていることが知られるようになっても、それがメスメリズムの発展形でもあるのだとは、もう誰も気づかない。

参考文献

《Histoire du merveilleux dans les temps modernes》 par Louis Figuier

《DICTIONNAIRE HISTORIQUE DE LA COMPARAISON》 edition de la sorbonne, Nicolas Delalande, Béatrice Joyeux-Prunel, Pierre Singaravélou, et al.

《Le magnétisme animal en France et en Allemagne》Bruno Belhoste
《Le mesmérisme entre la fin de l'Ancien Régime et la Révolution: dynamiques sociales et enjeux politiques》David Armando, Bruno Belhoste
Dans《Annales historiques de la Révolution française》2018/1 (n°391), pages 3 à 26

メスメリズムとMr.マリック

では、メスメリズムとは何だったのかをあらためて考えてみよう。

まず、メスメルによる「手当て」が幻覚や暗示のレベルではなく何らかの生理的な反応や現象を起こしたのは、すべてのケースではないにしても事実だと思える。古今東西の「奇跡の治癒」記録（その中には純粋な後付けの伝説も多いとしても、一つのパターンが見られる）だけでなく、私が自分で見聞したり体験したりしたことも含めて、そのような「能力」の持ち主は確かに存在するからだ。

しかしその強度は、生まれた時からという人、途中からという人、途中でそれを失う人、その時々でむらがあるなど多様で、それをいったん公共に知らせてしまうと、能力を失っても別の方法でカバーしたり、場合によってはトリックを弄して欺いたりすることもある。それはあらゆる種類の「超能力」に共通していて、予知能力、霊視、透視から分身や瞬間移動、空中浮揚などにもいえるようだ。

霊視・透視などの能力は幼児や子供には比較的多くて、大人ではほぼ消滅するが、老年期にまた現れる場合がある。人生の途中でそれを得る人には、前述したサウジアラビアのフランス人士官のように何らかの強烈な宗教体験の後で「能力」を自覚した人や、大病で死線をさまよった人が覚醒した時にその「能力」が生まれたということもある。

彼の祖父母や両親の代からよく知っている若者マルクが、コンピューター技師として働いていたが腸閉塞《へいそく》で死にかけた後で、「交霊」や「予知」能力を得たという実例を知っている。両親も兄も双子の弟も、実務系で霊感など信じない家族環境だった。

回復したマルクが死者との交信を語り、元の職に戻らずに一種の心霊治療者になったことにはみなが驚いたものの、一度は死を覚悟したのだから、後はどんな形でも家族は協力を申し出た。ホームページには交霊のことは触れられておらず、スピリチュアル・カウンセラーとして心身治療に当たっている。

新興宗教の「教祖」やカルトグループのリーダーで「超能力」があるとされている人たちの中でも、重病から回復した時に能力を得た、という人たちがいる。しかし、それはむしろ、病によって、それまで生存戦略として「封印」されていたグレーゾーンが滲出《しんしゅつ》してきたことではないか、超能力を獲得したのではなく、原初的な曖昧部分のほころびが治っていないからではないか、というのが私の見立てだった。

メスメリズムが変質した「催眠術」に関しては、「超能力」とは関係なく、「術」として確立している。「術者」のカリスマやプレゼンテーションのテクニックが成功の大半を占め、後は、術をかけられる人の欲求と一致しているか、信頼関係が築けるかが大切な要素だが、もともと暗示にかかりやすい人とそうでない人がいる。同じ人でも体調や状況によって変わってくるだろう。

フランスでは夏になると、多くの「バカンス村」のステージで、毎夜さまざまなアトラクションがある。「催眠術」はどこでも人気だ。滞在客は無料だから何度も来る人もいるし、いわゆるトリックはしかけられていない。催眠術師は、簡単なテストをみんなにして、暗示にかかりやすい人を選んでいく(例えば、あるジェスチャーをさせた後で、手が動かなくなります、と言われると本当に動かなくなるかどうかなどだ)。最終的に大人や子供、男女混合の一〇人くらいの人がステージに上がって、さらにいろいろなことを指示される。それが「効かない」人は、その度にステージから降りる。残った少数の人は本当に深い眠りに入ったかのようで、指示されたままに動いていく。印象的な光景だ。

「不思議」ではあるが、種明かしのある奇術ではないし「やらせ」でもないのは確かで、バカンス中の若者や家族連れたちがそれを普通に「消費」しているのは、ある意味で、平和の象徴のようで感慨深い。

不特定多数の人を前にして、「不思議」に参入させるという演出でやはり印象的だったものが日本でもあった。プロの奇術師であるMr.マリックさんのスプーン曲げだ。スプーン曲げといえば、一種のわかりやすい「超能力」として一世を風靡した後、トリックが暴かれたケースもあって忘れられていたが、マリックさんはそれを「マジック」に取り入れた。

といっても、奇術師が超人的な技を披露しても、トリックが仕込まれているのは観客も合意している。マリックさんは、観客全員に「スプーン曲げの不思議」を体験させることを思いついたのだ。「スプーン曲げ」との出会いはキャリアの転機の一つになったという。「スプーン曲げは暗示による」ということを理解し、暗示にかかると人は硬貨でも曲げることができるというので八年かけてスキルをみがき、ライブでお客といっしょにスプーンを曲げているし、できる人はたくさんいるという。

私も二一世紀初頭にこのショーに参加したことがある。入場時にみんなに大きめのスプーンが配られた。確認すると、固い普通のスプーンだ。力を入れても曲がらない。

どの人も試している。プログラムが進んでいよいよスプーン曲げになり、マリックさんはそれが「暗示」によるものだということを説明した。

それまでの経験から「小学二年生の女の子」が一番偏見を持たずに信じて従ってくれるということで、客席から一人の少女が舞台に上がってきた。彼女が、マリックさんの指示に従ってスプーンをゆらゆらと動かしてから、手前にすっと押すと、すんなり曲がった。それをみなに見てもらってから、客席の人に各自スプーンを手に持ってもらい、マリックさんがどうすればいいかを説明する。どの人も手元を見て必死だ。私の隣の席にいた招待客はなかなかうまくいかないと言っていた。

ところが私は、言われたように片手でスプーンの柄《え》を揺らすとまるで柔らかいように見えて、マリックさんの指示に従ってもう一方の指で押すと、ぐにゃりと曲がった。周りの成功した人からも歓声が上がっていた。

解説された力学的なテクニックだけでは無理で、やはり、「場」の力、「暗示」の力が必要だということだ。

カルト宗教の信者などが教祖の見せる奇跡を信じたり自分たちも修行したりすることを荒唐無稽で蒙昧だと思っていたが、「奇跡」が存在しなくても、トリックが存在しなくても、「術」は存在する。「術」であるからこそ、誰が誰に対してどのように実践するかによって、重大な結果をもたらすこともあるだろう。

反対に、「奇跡」を演出するためのトリックは、古来、宗教の「方便」として使われていた。中世のヨーロッパでは洗礼を受けずに死んだ赤ん坊は地獄に堕ちるとされて、教会の墓地に埋葬できなかった。死産は少なくなかったからそれは深刻な問題で、司祭の中には死児が動いて息を吹き返したように見せかける空気管の仕掛けを用意しておいて、その合間に洗礼を授けてしまうという方法もあった。

魔女狩りの時代には体に無痛点があるのが魔女の証拠だとでっちあげるために、体に突き刺すと先がするすると柄の中に引っ込んでしまう短剣などを異端審問官が作らせていた記録も知られている。聖遺物を陳列する祭壇にくるりと回転する二重扉の仕掛けをして、信者の寄進の多寡によって見え方を変えるようなことも行われた。これらは機械トリックだ。中世の宗教者が必ずしも神の奇跡を信じて待っていたのではなくて、積極的に奇跡を演出していたことがわかる。

村の分かれ道に立っているイエス磔刑《たっけい》像が時々動くことをキリスト再臨の徴《しる》しとして巡礼の市が立ったベルギーのある村では、像が動くか動かないかで占いをする人まで現れた。ある時、像の下で鳴き声がしたので掘り返してみると、野ネズミがたくさん仔を生んでいたそうで、これなどは動物トリックの一種である。奇跡と奇術が社会的に分離したのは、宗教の衰退と軌を一にしている。

メスメルが間近に目にした革命の後のフランスでは初めて政教分離が起こり、さまざまな科学が進歩を遂げた中で、学際的な科学ディレッタントが輩出した。いわば神が不在のルネサンスの再来だったといえる。パリの社交界で成功を博したメスメルの磁気治療はもう影もなかったが、近代マジックの父と呼ばれるロベール・ウーダン（一八〇五－一八七一）の開催するマジック・ショー〈幻想の夜会〉は大人気だった。ショーのポスターには「メカニシャンで物理学者」という肩書がついていた。

ウーダンは自動人形も作る時計職人で、当時の最先端エネルギーである電気を利用して電球や電気時計から自動ドアまで作ってしまう応用工学の先駆者だった。最新科学を駆使して自分で「不思議」を演出することに成功し、パリの社交界の人々のセンス・オブ・ワンダーを刺激し満足させるカリスマとして登場した。フランス政府は植民地統治の対策として、現地で権威を持つシャーマンを「術」によって負かすためにウーダンを起用している。近代マジックは、神秘的現象が宗教から科学を経てエンターテインメントとなっていく過渡期に生まれたのだ。

その近代マジックが、Mr.マリックのスプーン曲げのように、機械的なトリックなしで人々を不思議体験に参入させるという形で、再びセンス・オブ・ワンダーを喚起するというのは興味深い。

メスメルとメスメリズムは近代の転換期に数奇な運命をたどり、「磁気治療」は暗示療法のパイオニアともなった。それがマインドコントロールなどに使われて支配のツールになったり、あらゆる種類の不具合を治すメソードという商品になったりすることも多いだろう。

本当にスピリチュアルなものへの参入を通したクリエーションにつながるメスメリズムは可能なのだろうか。メスメルが特に勧めていた二短調のバロック音楽をあれこれ弾きながら、そんなことを考える。

メスメリズムと音楽療法

催眠療法へと回収されたメスメリズムの他に、メスメリズムが継承されているのは、彼の治療院で不可欠だった生演奏と通じる「音楽療法」の世界だ。

古来、音楽が精神にもたらす影響は知られていた。古代ギリシャの時代からさまざまな楽器の音やリズムによって人の気分に影響を与える「セラピスト」が存在した。対照的な二つの楽器は、ディオニュソス的（陶酔的）なトランスを招くとされたアウロス（二股に分かれた木管楽器）と、ハーモニーを奏でるアポロの竪琴《たてごと》だ（神々の前で演奏を披露してアポロが勝利したという神話もある）。アウロスは儀礼や試合などで人々をエクスタシーに誘《いざな》う楽器としても使われていた。

ユダヤ人の世界でも、旧約聖書にはソロモン王の父であるダビデがサウル王を竪琴で慰めたという記述があるように、ハーモニーを奏でやすい撥弦《はつげん》楽器の方が癒しに使われたようだ。実際、メロディーを主とする管楽器や擦弦《さつげん》楽器は、鳥の求愛の歌を模すとされて、後のキリスト教の教会内では長い間禁止されてきた。神の創造の調和を讃えるポリフォニー（多声）楽器であるオルガン音楽が祈りと癒しのシンボルとされたのだ。

後には、音と色と長さと動きとを関係づけるエゾテリスムが教会建築の基礎となった。そこにはすでに、宇宙の動きの普遍的な波動性という考えが反映されていたが、それに続くバロック時代の教会建築はより有機的な新たな展開を見せた。

すべて動くもの、生まれるもの、生きるものには色があり、音があり、ハーモニーがあり、波動がある。それが滞ったり崩れたりするところに病が生じるのであり、メスメルの動物磁気療法はそれを整えることを基盤として生まれた。

メスメルの療法がフランスで成功を博したのは、フランス革命を準備した「普遍主義」に合致していたからで、すべての人間に共通した波動の操作で心身の良好感を得るという方法は宮廷に浸透していたバロックダンスの理論にも通じていた(当時のバロックダンスは、後にクラシックバレエとして成立するプロの技術の習得ではなく、操り人形のように重力とのバランスを意識して内臓が揺れる感覚を体験させるという一種の健康法と、ステップで描く流動的な宇宙観が組み合わされたものだった)。

フランスの宮廷音楽やダンス、王立アカデミーでの上演などは、もとより「コスト」を問題にするものではない。領邦国家であるイタリアやドイツの音楽家のように巡業を可能とするスターシステムを作る必要はなかった。外に見える名人芸よりも、抑制的で内的な深さが「エレガンス」だとされたのだ。

やがて、フランス革命以降の政治的混乱の中で、音楽の「民主化」と「産業化」が起こると共にフランス的洗練は失われていったが、近代の「音楽療法」が生まれたのもまたフランスだったことは注目に値する。第二次世界大戦の傷病兵や精神的トラウマを負った兵士たちを癒すために音楽が使われ、肉体の病だけではなく心理的、精神的な病にも有効だと知られるようになった。

それを理論化した先駆者が音響技師のジャック・ジョストだ。一九五四年以来、パリ大学医学部の脳波検査研究室での所見をもとに、音楽には癒す力があるという仮説を唱えた。ソルボンヌ大学教授である心理学者エディト・ルクールと共に、フランスで初めての音楽療法士養成センターを一九七〇年代に開設した。一九七四年には、ブエノスアイレスですでに音によるアイデンティティ形成を心理療法に取り入れていた作曲家でミュージシャンでもある精神病医ロランド・ベネンソンと共に、世界初の音楽療法学会をフランスで開催した。今は世界的に認められている。

ある種の音楽は、心臓・呼吸・筋肉などに生理的心理的影響を与えることがわかっている。民俗音楽学の研究によれば、心拍などの生物学的レベルでは、民族固有のメロディー、音階、ハーモニーは別であるが、イントネーション、音量、音の高低による影響は普遍的であるという。また音楽システムではない音響システムのパラメーター（変数）は、文化の差に左右されないベースにある情動に影響を与えることもわかっている。

二〇〇九年にドイツの脳科学者トマス・フリッツが北カメルーンで、西洋音楽を一度も耳にしたことのない部族に数種の音楽を聞かせて喜び・悲しみ・恐れなどの印象を仕分けてもらったところ、西洋人とまったく同じ反応だった。カナダのマギール大学による二〇一四年の研究でも、コンゴのピグミー族にブラームスから映画『サイコ』の音楽までを聴かせながら心電図・脳波・呼吸・発汗を測定し、スマイリーなど顔文字で印象を答えてもらった結果、カナダの一般人とほぼ同じだということがわかった（《Sciences Humaines》No 360）。

音楽療法は鬱病や拒食症、ディスレクシアのような学習障害や、ＡＤＨＤ（注意欠如・多動症）、アルツハイマー症の改善への有効性も認められている。終末医療の場でも使われている。

音楽を聴かせるというだけではなく、歌わせたり、リズムをとらせたり、楽器を弾かせたり、クリエーションに参加させたりなど個々のケースに合わせて試行錯誤が行われる。あらゆる種類の障碍やリハビリにも応用されている。

また、ヴァイオリニストにはリンパ腫が少ないという所見から、首近くでの直接の振動、波動の影響を想定する人がいるのは、万物に共通する波動こそが生命を司るとしたメスメリズムを連想させる。

フランスの音楽療法士は国家資格となっている。養成課程を受けるには心理学者や医師など臨床家である必要はないが、音楽療法士として仕事をするには国内五ヶ所にあるセンターによる認可が必要だ。広く応用されているだけに、正しい知識と能力が必要とされている。

臨床にあたっては、職業上の秘密厳守と他の訓練士や臨床家とのチーム作業が前提とされている。患者がどう反応するかを適宜観察して適応していかねばならない。

日本のように音楽療法士が私的な団体によって付与される認定称号である国とは違って、相互監視も行き届く上に保険の利く治療に組み込まれているので、安易なビジネスに取り込まれるリスクが少ない。

「波動」を高めるためにチェロを弾き、ピアノを弾き、グラスアルモニカを弾いたメスメルは、パリで医学部やアカデミーなどの認証を受けようとして果たせなかった。ビジネスとしては大成功したものの革命で富を失ったし、メスメリズムは多くの亜流や偽物が横行して元の形は失われ、オカルトの世界に取り込まれもした。

メスメルの治療院が復活することはないだろうが、音楽療法の先駆者としてのメスメリズムは「オカルト」から脱して、今、確かな、公的な市民権を得ている。オカルト2・0が臨床医学や複数の療法との「協働」に向かう道は、確かに開けている。

参考文献
Patrick L'ECHEVIN "Musique et Médecine"(Stock Musique, 1981) など

コラム2

占い師のセラピー効果

笑ってしまう陳腐な答え

学生の頃、日本で一度だけ手相を見てもらったことがある。年末が締め切りの卒業論文を書いている時だった。

もう一一月半ばだっただろう。私のいた学科はフランス語で卒論を書かなければならなかったのに、ドイツ語専攻から転向してきた私はフランス語に自信がなく、生来の怠け癖もあって、なかなか集中できなかった。さすがに焦ってきて、ある夕方、何人かの占い師がテーブルを出して座っている渋谷のガード下で思い切って尋ねてみることにしたのだ。

「卒論が書けるか書けないか」というのが私の知りたい唯一のことだった。書けると言われれば安心して取りかかれるし、書けないと言われれば努力するのは無駄だという安易な考えである。選んだのは、日本的感覚で信頼感をそそる苦労人風の中年のおばさん占い師だ。手相を見てもらって一般的なことを聞くのが一〇〇〇円で、個別の質問が五〇〇円増しだったろうか。

まず腰掛けて手相を見てもらう。その時にまず少しがっかりした。「あなたは今まで年よりも老けて見られてきて損をしてきましたが、三〇を過ぎたら逆に年を取らないタイプだから水商売に向いていています」と言われたのだ。

いくらガード下の暗がりとはいえ、当時の私は二〇代始めでもともと童顔だ。それでも、何か特別に知りたいことがあるかと問われて、決心して本命の「卒論」を持ち出した。おばさんは少し鼻白んだ様子だったが、筮竹《ぜいちく》を取り出してすり合わせ始めた。そして、しばらく深刻な顔をして筮竹を眺めて、当然言うべきことを言った。

「これは、だいぶ、大変だと出ています。かなり頑張らないと難しいでしょうねえ」と言うのだ。考えてみれば、私がこのおばさんの立場であっても、同じことを言ったにちがいない。卒論を書く努力もしないでよりによって占い師のところに来るなんて、「だいぶ、大変」なのは、目に見えている。常識人なら当然持つ感想である。

私は、なんだか、気が抜けて、おばさんのことも気の毒のような、笑えてくるような、自分の馬鹿さ加減にも呆れてうちへ帰った。それから雑念が消えたのか、締め切りよりも早く首尾よく論文を仕上げて大学院にも合格したのだから、あの時のおばさんにやっぱり感謝すべきかもしれない。

サービス業だからセラピー効果がほしい

占いに頼っても論文が書けないことが多少わかってきた後は、自分の運命よりも他人の運命の方に関心を持ち、占い師たちの強い個性のオーラに純粋に魅せられることもあるようになった。占いに頼る人が、ポジティヴな言葉を求めているのだということもわかる。

占いもサービス業だから「ラストにひと言、あなたを勇気づけて生きる指針となるアドバイスを必ず差し上げます」という姿勢が大事だ。好奇心を満足させながら、明るいいい気分になれるセラピー効果がほしい。おどろおどろしい雰囲気の人に怖いことを言われるよりは優しくしてほしいというのがみなの本音だろう。

最も避けるべき占い師はものを買わせたり追加料金を取ったりするタイプである。アドバイスを求めた時に「クリスタルのものを何か身につけていますか」などと逆に質問をして開運グッズを売りつけたり、「あなたは近いうちに事故に遭うかもしれない」と脅した上で（別料金で）「特別のお祈りをして不幸を遠ざけてあげることができます」と提案したりするようなものは信じてはいけない。

ほうっておいては気になる場合は、別の占い師にセカンド・オピニオンを聞けばいい。「よそでこう言われたが納得できない」と話すと「心配しなくていいですよ」と安心させてくれる可能性が高い。

ある年のパラプシーでそんなことがあった。私はフランスと日本を往復することが多いのに飛行機が嫌いで、いつもどこかで事故を恐れていた。それなのに、ある時、事故の可能性をほのめかされたのだ。ショックを受けた私に占い師は、それを避ける方法があると言い、聞いてみると、特別のセッションを提案されたのだ。すぐに断ったし、信じもしなかったけれど後味がよくない。

それで、別の占い師のブースに行って、今あそこで「これこれ」と言われてとても気分が悪いのだと言うと、「それはひどいですね」と別のカードで見てくれて、「問題ないですよ」と安心させてくれた。この時思ったのは、たとえ信じていなくても根拠のないネガティヴなことを言われるのは不安のもとになり、それを消してくれるのは「そんなこと信じる方がおかしい」などという理性の言葉ではなく、同じようなレベルで根拠のないポジティヴな言葉だということだ。一度オカルトの土俵に上がってしまったら、外の言葉ではなく、同じ土俵での救いが必要なのだ。

だからこそ、本当に困った時や重大な問題を抱えた時は占いに頼るなどということ自体をあきらめた方がいい。

二〇世紀末のフランスのカルト規制法案の中には、病院・老人施設・障害者施設（リハビリ施設を含む）・教育機関などの半径二〇〇メートル以内でのカルト団体（当時一七二の団体が挙げられていた。宗教だけではなく閉鎖的で全体主義的だと見なされる営利グループを含む）の勧誘を禁止する条項がある。健康な大人が自分の判断で選択するなら、法律に触れない限りどのようなグループで活動するのも自由だが、教育途上の者、老いや孤独、病気や障害に直面した弱者は現実を吟味する能力が不十分だったり低下していたりすることが多いから、保護する必要があると考えられているのだ。

実際カルト宗教などがターゲットにするのはこのような人が多いということはよく知られている。病気や事故の続く家庭や一人暮らしの老人が開運グッズなどのセールスにねらわれやすい。占いやラッキーカラーなどをちょっとした遊びと考えるか、ストレス解消やプラス思考の手助けにするなら危険はないが、自分のスタンスを時々確かめておかないと、心や体が弱った時に思わず足元をすくわれるかもしれない。

占い師との「相性」

その後はますます、占い師そのものの観察が続いた。日本ではホテルでの大晦日やニューイヤーのイベントなどにもたくさんの占い師のブースを見かけた。みんな新年の運勢を知りたいのだろう。「おみくじ」のヴァリエーションのようだから、たいていはサービス精神にあふれていた。家族で年末をホテルで過ごす人たちが相手だから、深刻な相談がある率は少ない。

ある有名温泉旅館に泊まった時に、「よく当たると有名な」占い師に見てもらったことがある。こういう場合は個々の占い師に料金を払うわけでなく、年末イベントに組み込まれているので、占い師もリラックスしているのか、「よく当たる」ということそのものについての見解を聞いたり仕事における問題点も聞いたりしたが、温和な人柄で誠実に答えてもらった（私が一番警戒するのは、「よく当たる」などということで崇められているような人の周りに「信者」がグループを形成しているような場合で、「霊能力」が「ほんもの」であろうがなかろうが、そのような関係性そのものに信頼がおけない）。

二一世紀に入ってから、日本の都市の街角で占い師を見かけることはまれになった。興味深いのは、日本でもフランスでも、男性の占い師が往々にして女性の相談者に対して父権的態度をとることだ。男性の占い師の多くは他の職業の体験者であり、占い師に転向することにはより多くの社会的リスクがある。

日本でも、フランスでも、私がいつものように「どうして占い師になったのか」「客との関係をどう考えるか」などの質問をすると、「ここで話すのはあなたのことであって、私のことではない」と苛立ちを隠さないのは男性占い師が多かった。「私は自分に興味がない、あなたの話を聴きたくて時間の料金を払ったのです」と私が言うと、ますます険悪になる。女性の占い師の方は、私の質問に答えてくれるハードルが低く、今までの体験談を披露してくれたり自分語りをしてくれたりすることがある。

ある時、具体的な事項、しかも、結果が間もなくわかるが気になることについて、日本で若い女性の占い師に尋ねたことがある。進行中の手続きがうまく完了するかどうかを聞くと、彼女はカードを切りながら、「うまくいく」と答えてくれた。

イエスかノーの二択であり、数日後に結果が出るので、断定するのは商売としてリスクがあるのではないかと思えたのでその確かさをさらに尋ねると、また別の方法で繰り返し、どうやっても「うまくいく」と出ていると答えた。

結果は、実際にうまくいった。半々の確率だから不思議ではないかもしれないけれど、私が懐疑的だったのだから、「うまくいきそうですが、ひょっとして邪魔が入るかもしれません」などとごまかすこともできたはずだったのに、数回の占いの結果を見てすなおに繰り返したのが印象的だった。

※※※

第2章で紹介した、Mr.マリックさんの指示に従ってスプーンを曲げた時の話だが、とっさに考えたのが、曲げるだけではつまらないから、まだ柔らかいうちに何かオブジェを作ろうということだった。お香立てにしようと思い、すぐにデザインとバランスを考えてこね回し、とてもいい感じのお香立てが完成した。ところが、暗示から覚めると、スプーンは元通りかちかちに戻っていた。

ショーの後で楽屋に行ってマリックさんに私の「お香立て」を見せたら、「これまでに、そんなものを作った人は絶対にいなかった」と、感心というか、あきれたように言われたのを覚えている。うちに戻ってからもっと何とかならないかとあちこち押さえてみたけれど、びくともしない。狐《きつね》につままれたようだった（写真参照）。

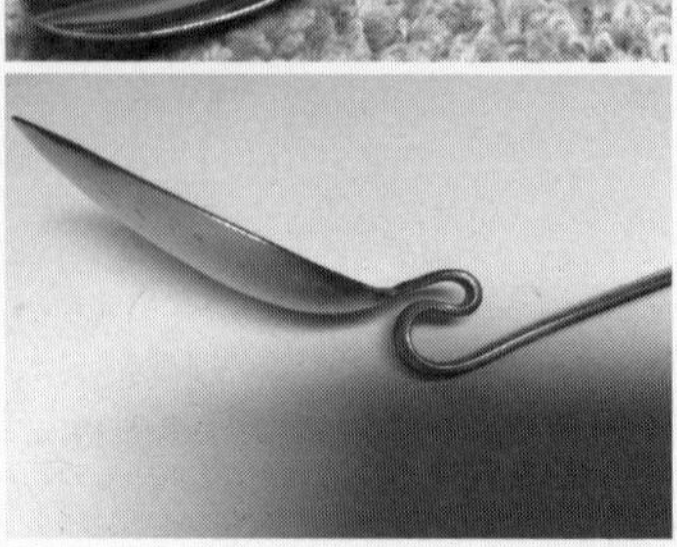

そのお香立ては今でも私の手元にあり、「暗示」の不思議な力を思い出させてくれる。だからこそ、それで恐怖や不安、疑念などに誘導させられれば、いったいどんなことが可能になるのかと思うと戦慄する。

第3章

西洋オカルト史とオカルト2・0

「ヘルメス文書」とキリスト教

この章では、西洋におけるオカルトの歴史を簡単にたどりながら、科学や社会やカルチャーの中でオカルトの位置づけがどのように変化したのかを追うことで、オカルト2・0について考察を続けよう。

オカルトという言葉は、今や、アニメやビデオゲーム、ドラマにまで使われている。

オカルトの基本的な言説そのものは、中世からニューエイジまで、一貫していた。すなわち、同時代における体制側の言説（それは主として、過去には宗教であり、近代以降は科学や進歩などの政治化・制度化されたもの）によっては得ることのできない「絶対真理」にオカルトによって到達可能だというものだ。

ヨーロッパ中世においては医術を中心に、天文学や化学へと進化する前の占星術や錬金術や自然療法が民間に存在していたが、それが知識階級の表に出てきたのは、ルネサンス時代だ。イタリアのマルシリオ・フィチーノが「ヘルメス文書」（実は三世紀のものだが、当時は紀元前のギリシャのものだと信じられていた）を「再発見」してそのラテン語訳を一四七一年に刊行し、フィレンツェにプラトン・アカデミーを創設した。

「ヘルメス文書」とは、初期キリスト教がまだローマ帝国の国教でなかった頃に、同時代に出回ったヘルメスに関する文言について初期神学者が述べているものだ。エジプト人（エジプトはアレキサンドリアなどのギリシャ語圏で当時の学問の中心地だった）をキリスト教に改宗させるために神学者のラクタンスはヘルメスの名を二〇回も引用した。

ヘルメス（この文脈ではエジプトのトート神と同じ）はプラトンの師であったとされ、そのヘルメスが、

「一神教」（唯一で至高の神で、物質的犠牲の供物《くもつ》を否定する神）を説いていたとしたことで、ヘルメスは多神教の賢者よりもユダヤの預言者に近いとする宣教のツールであったわけだ。

その後、キリスト教がローマ帝国の国教になって多神教の典礼が禁止されたので、もう布教のためにヘルメスを使う必要がなくなった。それればかりか、キリスト教を国教化した後でもヘルメスを信仰している者がいると不都合なので、五世紀初頭の『神の国』の中で、アウグスティヌスはヘルメスのことをキリスト教に敗れて嘆く哲学者であるという異教側のキャラクターとして扱った。

同時代のアレキサンドリアのキュリロスは、背教者ユリアヌスを批判する中で、ヘルメスがモーセと出会っていた、ヘルメスはシリアの予言で父なる神の意志で神の子が人となったと聞かされていた、などというふうにヘルメスの名を使っていた。

結局、それ以来、ヘルメス文書は六世紀もの間忘れられていたが、もう一度引用され始めたのが一一世紀以降のビザンティンだ。それが一二世紀に西方教会に伝わってラテン語訳されてから、一二－一三世紀にはヘルメスの名を冠して書かれた錬金術の「ヘルメス文書」が神学とは別の世界で花開くようになった。

このような当時の「ヘルメス文書」について教皇庁はどのように対応したのかというと、まったくのフリーパスだった。確かに初期ルネサンスの時代には錬金術も実験科学や化学の「祖」として扱われたので、いわゆる呪術と見なされてはいなかったからである。

一五世紀のフィチーノはすでにプラトンに心酔していて、ギリシャ語のヘルメス文書を手に入れた時は、いわばプラトンを正当化する前段階としてヘルメス文書を利用したのだ。つまり両方とも「キリスト教以前」のもので、キリスト教によって完成する哲学の系譜の原初にあるという考え方である。

後にヘルメス文書が実は初期キリスト教と同時代のものだと判明したわけなのだが、プラトンとモーセとヘルメスの時代的な関係についてのルネサンス時代に広まった言説の複数のヴァージョンはいつまでも残った。エジプトのトート神とギリシャのヘルメス神とが習合したものが二世紀のアレキサンドリアでヘルメス・トリスメギストスとして現れ、さまざまに枝分かれしてエゾテリスムのシンボルとして使い回された（「ヘルメス文書」はプラトンの『ティマイオス』やストア派、グノーシス、ユダヤの影響を受けたものだと一六一四年に結論づけられたが（Isaac Casaubon）、ヘルメスの姿は秘教の中で醸成され続けた）。

科学とオカルトとエゾテリスム

フィチーノの新プラトン主義に大きな影響を与えたのは彼より三〇歳も若いが夭折したジョヴァンニ・ピコ・デラ・ミランドラだ。イタリアの裕福な貴族ピコ家に生まれ、ルネサンスの教育としてまずギリシャ語とラテン語、古代の哲学と文学を学び、人間の属性を明らかにし、ユマニスト（ギリシャ・ローマの古典研究を通して、人間研究を目指した人たち）としてのモラルを身につけようとした。

母親は敬虔なカトリックで、息子のジョヴァンニを聖職者にするために、わずか一四歳で、必修である教会法と神学を修めるようにとボローニャに送り出した。すべてを一年で学んだ後、厖大《ぼうだい》な文学・科学・哲学・宗教事象の統合を目指そうと決心したジョヴァンニ・ピコ・デラ・ミランドラは、母親の死後、一五歳の時にボローニャを去った。パガニズム（異教主義）とキリスト教との間に学際的な新しい意味を探ろうと、各地を旅行してフィレンツェでは多くのユマニストと親交を結んだ。フェラーラを経て、一七歳から一九歳の間に滞在したパドゥワではヘブライ語とアラビア語を習得し、一神教の聖典をすべて原語で読み、イスラム世界の哲学者アヴェロエスにも傾倒する。

二一歳でフィレンツェに戻った時にフィチーノに出会い、ネオプラトニズムを修得。哲学や理性は宗教や信仰の従属物ではないという信念のもと、宗教や哲学におけるセクタリズム（派閥主義）を否定し、相対主義的視点に立って、複数の伝統の「折衷」や「統合」を模索し、ありとあらゆる仮説の検討を重ねた。この頃、ユダヤの数秘術カバラもキリスト教カバラとして転用されたが、今の感覚でいう「オカルト」とは逆に普遍性のある人間学が模索されていたのがわかる。

ネオプラトン主義によって脚光を浴びたプラトン主義も、西洋近代科学の基礎を作った。ユークリッド幾何学や解析幾何学、微分積分学などの数学的思考の精神史とプラトンの思想は関係している。点・線・面・立体などの幾何学的図形が存在の理解に援用されるという考えが数学と哲学を結合させていた。

ピタゴラス派に由来するという数学的神秘主義は宇宙論や自然哲学の理解に必須であり、ソクラテスも前半生を数学や自然哲学の研究に捧げた。プラトンの数学的神秘主義は、中世における天球の象徴的表現から、デカルト、パスカル、ライプニッツにつながる普遍数学にまで影響を与えた。

近代力学の基礎を築いたガリレオは、自然という大きな書物に書かれた科学は、それが書かれている言語や記号を理解しなければ読み解けないと言った。その「言語」が数学であり、「記号」が幾何学的図形だというわけだ。数学形式は、自然現象の記述に活用されることで自然認識に必須のものとなる。プラトンの数学神秘主義が西洋的な数学的自然科学の形成の動因となったという。

素粒子の振る舞いを記述するには数学的構成が必要だし、実験上のデータと理論を記述する数学形式の調和と美醜によって正否が判定される。数学の機能と価値を世界の意味了解にまで自覚的に具体化したのはギリシャ精神の功績であり、現代の科学技術を生んだ狭義の科学の形成はギリシャ的、西欧文化圏以外では生まれなかったといえるだろう（参考：永井博「西欧精神史と科学」『ヨーロッパ精神史の基本問題 下村寅太郎先生退官記念論文集』収録）。

このように、科学とオカルト、エゾテリスムはルネサンス以降長い間共存してきた。イタリア出身の哲学者ジョルダーノ・ブルーノは哲学からオカルト哲学へと流れたし、パラケルススからベーメまで、世界を魔術だととらえることで、アナロジーと「照応《しょうおう》」の概念が駆使された。

科学とオカルトの二つがはっきりと対立するようになったのは一六世紀も末になってからだ。スイスのパラケルスス（一四九三－一五四一）は医学博士、神学博士、utriusque iuris（二つの法）の博士とも呼ばれている。彼の生きた時代にはカトリック教会のインフラとしての大学が神学、教会法、医学という三つの学部を備えていた。

中世から存在していた自由七科（文法、修辞学、論理学、数学、天文学、幾何学、音楽学）も、学部を選ぶ予備段階として位置づけられた後で、学部へと発展した。その基礎となっていたのはアリストテレスの物理学だったけれど、パラケルススは医療とは実践であるとして、それを否定した。

パラケルススと錬金術・占星術

当時の多くのドイツの医師がそうであったように、イタリアのヴェローナで医学博士号を授与されたと伝えられるものの、魔術師のところで修行したと敢えて自称し、大学では何も学べないと言い捨てたパラケルススは、蒸留器具を持ってあらゆるところに出向いて行った。軍付きの外科医としても戦争に同行し、あらゆる症例を扱い、患者の治療の実践に当たったことによって、「実証医学の先駆者」であるともいわれている。実際、各地の「智恵の女」といわれる「魔女」や産婆たちからそのメソードを学び、村々の床屋、鉱山師、金銀細工師などからもさまざまなテクニックを学んだ。

中世のヨーロッパにおいて、「床屋」とは剃刀《かみそり》という刃物が仕事道具であるゆえに「床屋外科医、理髪外科医」といわれる存在で、理髪や髭《ひげ》剃りだけでなく、切断手術、吸角法、抜歯、ヒル療法（瀉血）、嚢胞《のうほう》や腫瘍の除去も行った。特に「瀉血」は重要だった。瀉血は聖職者が性欲を制するために互いに行っていたこともあったが、一二世紀の教会法で、血を流すこと、手術をすることなどが聖職者に禁じられた。

民間では、床屋外科医が外科治療を受け持ち続けた。パラケルススの生きた時代の公的な「医師」とは今の「内科」だけであり、四体液説（人間が持つとされた四つの体液（血液、黄胆汁《おうたんじゅう》、黒胆汁、粘液）に四つの気質（多血質、黄胆汁質、黒胆汁質、粘液質）が対応するとする説）の理論だけをもとにして処方を出して、薬剤師と提携しながら金儲けに走る者が少なくなかった。パラケルススは床屋外科医のテクニックを学ぶだけでなく、民衆に伝わる伝統的な治療法など当時すでに「迷信」として医学界から排されていたものを採取し、実証的に分析を重ねながら復権させたのだ。

パラケルススはさまざまな物質を混合することで別の薬剤を作るやり方に異を唱えて、「自然」そのものに治癒の力があるとして四つの方法を論じた。その一つであるスパジリアとは、植物や鉱物のエッセンスを抽出するものだ。

母なる自然によって隠された癒しの力の徴しを物質の中に見極めて、それを引き出すために錬金術の方法を駆使する。自然はそれぞれの病に効く薬を有しているものであり、それを蒸留など錬金術の技術によって抽出して、いつどのように使うかということを問題にして、経験と共に検証していった。

それは当時広がっていたキリスト教カバラの流れにつながるものだが、パラケルススは特に汎神論《はんしんろん》的な感性(パラケルススは徹底的に自然に依拠するという意味合いで、汎神論的な感性を持っていた)に依拠しながら病み苦しむ人に寄り添って、生命・宇宙・人間・神の新しい概念を見つける定式を確立しようと試みた。それを論じた著作が、宇宙のマクロコスモスと人体のミクロコスモスの照応を説く『大天文学(アストロノミア・マグナ)または明敏なる哲学(フィロソフィア・サガクス)』である。

一方、パラケルススの「神学」とは、スイスの山の中で、聖職者も教義も典礼も奇跡の治癒を祈る巡礼もない純粋な福音宗教に戻るという形の「宗教改革」の試みという点では原理主義的なプロテスタントだったけれど、宣教を目指さず生活の実践を目指した点で、プロテスタントよりもむしろカトリックの中世神秘家に近いアプローチだった。パラケルススは死地となったザルツブルクで書いた遺書には財産をすべて貧しい人に配るよう言い残し、カトリック教会のアーチ下に葬られている。

アウトサイダーとして生き、在世中すでに毀誉褒貶《きよほうへん》の振れ幅が大きく天才医師か詐欺師かといわれたのは、パラケルススが証明してみせて患者から称賛された「臨床の実績」が、当時の医薬体系にとって都合の悪いものだったからだろう（このことは後に動物磁気療法で人気を得たメスメルの運命に通じる）。ちょうど印刷術が発展した時期だったので、パラケルススの著書は広く知られることになった。

プロテスタントが当時のカトリック教会における聖職売買、免罪符売買などの「腐敗」を攻撃して宗教改革を成功させたように、パラケルススは、当時、実践ではなく理論と権威だけで利権を増やす堕落に陥っていた医学を攻撃して刷新しようとした。ルターの宗教改革は医学界における自分の使命だと考えて、公けにプロテストの言葉を繰り出し続けたのだ。

カトリック教会から「破門」されたルターがそれに対抗して一五二〇年に教皇勅書や教会文書を焚書した例に倣って、パラケルススも一五二七年の聖ヨハネの夏至の夜、バーゼルの広場でスコラ医学の教科書を燃やした。けれども、ルターの抗議行動とは違って、パラケルススの過激なメッセージは民衆の共感や政治的な賛同を得ることなく、そのせいで、医学部教授の職を得ていたバーゼルからも追われている。

バーゼル大学はカトリックもプロテスタントも差別なく採用し、エラスムスなど多くのユマニストが集まる国際的で開放的な都市にあったにもかかわらず、医学部は閉鎖的だったというわけだ。医薬利権の壁は、カトリック聖職者の利権の壁よりも厚く、外の世界から窺い知ることが困難であった。こうして、歯に衣着せぬパラケルススはリトゥアニア、プロシア、ポーランド、オランダなどからも土地の医師との対立によって追放されたと一五二八年頃に、自ら書いている。

それだけではない。印刷術の発展と共に残した膨大な書物によって足跡をたどり得ることで「伝説の人物」とは一線を画すルネサンスの知識人であるパラケルススは、なぜか後世において「秘儀」と共に語られるようになった。汎神論的カバリスト、中世神秘家の末裔、ルネサンスの偉大なエスプリだと評価される一方で、近代以降のあらゆる秘儀やオカルティズムのテキストの中で秘術のエキスパート、シンボルとして描かれる存在になったのだ。実際のパラケルススは、確かにドイツ神秘主義や自然哲学、ルネサンスの魔術に影響を受けているものの、いわゆる「錬金術」も「占星術」も否定していた。

彼が否定し批判したのは、金儲けや政治の道具にされるような錬金術や占星術の在り方だ。錬金術の技術は薬の蒸留、抽出、精製などに使うものであって、金属を変容させて「金」にするものなどではない。つまり、パラケルススは錬金術が化学へと発展する草分けの人物でもあったわけである。占星術に対しても、特に天体の動きによって個人の運命を判定する類の営みは、神が人間に与えた「自由意志」に反するという神学上の理由から、彼にとっては許されるものではなかった。

そんなパラケルススが「占星術」をツールとして取り入れたのが、「疫病」を扱う時だった。彼は天体の影響そのものは認めていた。

太陽の位置や月の満ち欠けが動植物に大きな影響を与えることは自明だ。けれども、当時考えられていたように、もしも生まれた月日や時間の星座の位置が個人の運命を決めるものならば、その指標がばらばらである多くの人々が一様に同じ疫病で斃《たお》れていくことは説明できない。疫病の原因を説明する唯一の合理的なものは、疫病が流行る場所と時における星座の位置関係が大気に与える影響だとパラケルススは考えた。

誕生日をもとにした多くの「運勢占い」は今もサブカルチャーとして消費されている。けれども、医学や地学で因果関係をたどれる疫病や自然災害ではなく、突然大規模な飛行機事故などがあって同時に大勢の犠牲者が出た時などは、占い師が困惑して「運勢」とは別の説明を試みることがある。それぞれ誕生日も手相も異なる不特定多数の人を襲うアクシデントを前にして、ばらばらの個人の「運勢」をなかったことにはできないからだ。

大規模事故や災害の際に「天罰」観を口に出す人は今でもいるが、パラケルススは、疫病が一定地域や一定の民族に一括して与えられる「天罰」などと考えずに、天体の動きという「自然環境の変化」に由来するという合理的仮説を立てたわけだ。

ところが、一五三四年には南チロル（イタリア北東端の地）でペスト患者の治療に当たった時は、当時の医師のやり方と矛盾しない伝統的で実際的な治療によって対応したのに、現地の医師に拒否されてしまった。感染予防のためにある村の封鎖を提案した時にも、その村から追放されたこともあり、パラケルススが実際に「疫病」の治療で認められたことはない。しかし、病者に寄り添うキリスト教精神からは離れることなく、既成医学の恩恵を受けられない貧困者のもとに留まって看護、介護を続けた。

天体の影響だけではなく、梅毒とペストに関しては特に、心理的なものが影響しているという仮説を立てたのもパラケルススだ。放縦《ほうじゅう》な幻想に耽るなど不健康な考えが、体に悪影響を与える可能性を説いたものだ。

疫病の原因は「天体」「毒物」「自然」「精神的なもの」「神」のいずれか、または複合的なものがあるという可能性を探った。パラケルススにおける実証医学と形而上的、神学的ヴィジョンの併存は、後世にさまざまな誤解を与えたものの、中世の医学から近代医学への転回点、錬金術から化学への橋渡しをしたといえるだろう。

二五〇年後に、実験室で科学的に検証されることになるアントワーヌ・ラヴォワジェによる「化学革命」は、パラケルススの方法論に、確実につながっている。

神智学とエニアグラム

一六世紀末に科学とエゾテリスムが分かれたとはいえ、一六世紀末から一七世紀初頭に天体の動きを法則化したケプラーも星占いを実践していたし、一七世紀末に古典力学を確立したニュートンも錬金術に傾倒していた。オカルトの居場所はかろうじてあったわけだ。

風向きが変わったのは、一六六七年にパリ天文台が開設された時で、天文学者による占星術が公式に「禁止」された。その代わりにフランスでは「人相学」が盛んになって一九世紀まで疑似科学のような位置で続くことになり、二〇世紀には相貌《そうぼう》心理学へと生まれ変わった。

科学から締め出されたオカルトは一七世紀末からはフリーメイスンや薔薇十字団に回収されていったが、その後ある種の妥協がなされ、オカルトが科学にすり寄った。科学の言葉や方法論で理論武装したり、科学体系を模したパラレルな体系を構築したりするようになったのだ（薔薇十字団は、一六世紀にチュービンゲンのルター派の若い研究者らが、ヘルメス主義やネオプラトニズムなどを混淆して、宗教改革に続く混乱の時代の新しい霊性を訴えたもので、一五世紀にクリスチャン・ローゼンクロイツがエジプトで受けた啓示からなるという体裁をとっている。後にフリーメイスンの一部となったりと、さまざまなオカルト運動の名として拡散していった）。

その過渡期にあったのが「メスメルの動物磁気」説とその実践と受容だった（第2章参照）。メスメリズムの後に登場したオカルト界の一大潮流が、フランス人アラン・カルデックによって始められた一八五〇年代からの「スピリティズム」だ。すでにアメリカで流行していた円卓を囲む交霊会は、フランスのブルジョワの間でも盛んになっていた。

同じテーブルを囲んで同じエネルギーを分け合うというスタイルは、メスメリズムの実践からの流れだと言っていいだろう。全員が同じ意識状態になって別の世界の何かを呼び込み解読するという試みの中で、特に霊媒的感受性を発揮、自覚する人が出てくる場合もあったが、もともと「霊媒能力」があると自称する人を囲むというスタイルもあった。

リヨンの学校教師イポリト＝レオン＝ドゥニザール・リヴァイユ（アラン・カルデックの本名）は、そのような「霊媒」と共同研究を続けて、さまざまな「実験」を繰り返し、一八五七年の『霊（エスプリ）の書』に続き、『霊媒の書』『スピリティズムによる福音書』などの著書で、現代にいたるまで「信者」を擁するオカルト「科学宗教」を創設した。天文学者のフラマリオン、作家のユゴーやゴーチェ、コナン・ドイルらがカルデックに心酔したことでも有名だ。

アラン・カルデックという名は、自らの前世であるドルイッドとしての名であるという。キリスト教の教義は例外的な「転生」を否定するものではないが、カルデックは、「人は転生を重ねて存在のステージを上げて完成に向かう」という標準型を提示して、後に続く多くの流派をインスパイアした。

カルデックの後に続いたオカルト界の「事件」は、一八七五年のニューヨークに登場したブラヴァツキー夫人による「神智学」だ。すべての宗教の根源にある「神的叡智」を求めて、西洋と東洋の智の「融合」を唱えた。神智学は、ルネサンス期のイタリアでフィチーノらがカバラやグノーシス、ネオプラトニズムなどを導入して探求しようとした「フィロソフィア・ペレンニス（永遠の哲学）」をさらに広げて、ヒンドゥ教や仏教（カルマ、マントラ、ヨガ、転生、ヒマラヤに住む不可視の指導者など）も取り入れた神秘思想である。

ブラヴァツキー夫人の神智学協会は大きな影響を与え、有力な分派を生んだ。その中には二一世紀のフランスでカルト監視委員会から監視され続けているルドルフ・シュタイナーの「人智学」や、アレイスター・クロウリーの東方聖堂騎士団から派生したロン・ハバードのサイエントロジーなどがある。いずれも「学」や「科学」の名を冠しているのが特徴だ（サイエントロジーという名称は、もちろんサイエンスからとっている）。

その流れの中でも、二〇世紀初頭にアルメニア人のゲオルギイ・グルジエフが唱えた理論に端を発するエニアグラム（九芒星）と呼ばれるものは、科学とキリスト教の両方から受け入れられた形となった興味深い例だ。グルジエフは東方正教会の伝統の影響を受け、ヒンドゥ教、仏教、スーフィズムだけでなく、キリスト教の用語やシンボルも多用して宇宙論を展開した。

エニアグラムという幾何学図形は、宇宙の象徴で、宇宙についての「知識」の源泉であり、人は瞑想によって宇宙的な覚醒を遂げることができるとする。個人の成長と「ワーク」という概念を打ち出したことが画期的だった。

このエニアグラムが、いろいろな過程を経て、「性格診断」のツールとなり、心理学者や精神医学者によって「科学」的な方法論へと洗練された結果、「本当の自分を知ること」が、ビジネスマンの「自己啓発」コーチングのベースに使われたり、カトリックの聖職者たちの使う語彙にもなったりしていった。

特に、「セルフケア」の進んだ二一世紀には、アメリカの福音派の中でエニアグラムが大ブームになった。ブームが起きたのは、『The Road Back to You: An Enneagram Journey to Self-Discovery』(Ian Morgan Cron、Suzanne Stabile、二〇一六年)という本がヒットしたことが大きい。福音派の中でエニアグラムの類型を歌にしたものまで流行ったという。

その後、「性格分析に基づく自己啓発」は文化現象となり、ビジネスとなって今も進化を続けている。

一方、神智学自体も進化し、神智学の理論に催眠や集団催眠、マインドコントロールのテクニックも付け加えられた。フランスでは一九六〇年にはグルジエフの信奉者でジャーナリストのルイ・ポウエルと、化学者でラブクラフトの翻訳者でもあるジャック・ベルジェが、ガリマール書店から出版した『魔術師たちの朝』の中で、ナチスとオカルトの関係について語り、フランスに「超常現象」と「サイエンス・フィクション」のブームを起こした。

『魔術師たちの朝』はナチスのオカルトルーツを「ナショナリズム秘教主義」とピラミッドに求めた幻想的なリアリズムによって、一種のヴァーチャル・リアリティを提供し、その中には錬金術、秘密結社、オカルト、死海文書からSF、幻想小説まで網羅したことで一〇〇万部を超す大ベストセラーになった。ナチスとオカルトの関係だけではなく、古代文明とは実は地球外生命の文明であること、不可能に見えるものは実は自然であること（人間のメンタルの可能性は無限であり、テレパシーや超心理学、ミュータントの例を挙げる）、一九世紀の科学主義の批判、などを網羅した。

ナチスのオカルト科学としては、ハレー彗星の発見者であるエドモンド・ハレーが地球磁場変動を説明するために唱えていた、地球の内部、八〇〇㎞の地殻の下にある三つの空間からなる別世界の存在を紹介した（『魔術師たちの朝』によってオカルトの伝播に多大な役割を果たした著者ルイ・ポウエルは、その後少しずつ政治的に右傾化した後に、穏健派に戻って、さらにカトリックに「回心」するという経歴をたどった。一九八六年の大学入学改革に反対してデモを繰り広げる若者たちを「メンタル・エイズ」と形容したことでも物議を醸している）。

エサレン研究所とシュタイナーとバイオ・エコロジー

グルジエフの信奉者で有名なもう一人の作家オルダス・ハクスリーは、クリシュナムルティとも親交があり、クリシュナムルティの「意識の拡張」理論がハクスリーに大きな影響を与えた。その実験施設として、幻覚剤、メスカリンなどを使って意識を拡張し、主観と客観の合一によって人間の潜在的な可能性を探るという滞在型のワークショップ「エサレン研究所」がカリフォルニアに開設されたのは一九六二年のことだ。「人間性回復運動」を掲げるエサレン研究所には心理療法家やアーティストも多く訪れ、エサレンマッサージと呼ばれるアロマオイル・マッサージも人気だという。

今はヨーロッパ中の各種のスパ施設でも東洋のオイルや伝統と銘打った高額なサービスが展開されているが、その源泉には、エサレン研究所のビジネスモデルがあったといえるだろう。

オカルトはビジネスに吸収されて希薄になったというより、「普通のブランド」の一つになっている。需要と釣り合ったサービスを堂々と提供するこの流れでは、カルト的逸脱の監視の対象になるものはまれだ。なお、カルト的逸脱とは、思想・良心・宗教の自由からの逸脱という意味で、基本的権利や人の安全や完全性、公共の秩序、法令を侵害することを表す。

一方、ホーリズム（ガイアとしての地球と人間の心身を含めた全体を対象とする）の中でカルト的逸脱リスクがあるとされるのは、チャネリングによって「高次の存在とコネクトする」タイプのものだ。

そもそも、なぜ、「カルト化」が問題とされるのかについては、明確な指針が存在している。それは「世界の変革が個人の変身を通してしか実現できない」となると、社会参画や民主主義的連帯は「不要」となるからだ。「近代」の指針となってきた「民主主義」や「公共の福祉」などという概念が無化することの危険が自覚されているわけである。

日本のオウム真理教のテロ事件に先立って、カルトグループが世界に与えた最初の衝撃は、一九九四年に判明した太陽寺院の集団自殺事件だった。太陽寺院はテンプル騎士団と神秘主義にインスパイアされたフランスの教団から派生したもので、一九八〇年代にスイスに本部を設立した教団の教祖のリュック・ジュレは、ベルギーの大学で医学を修め、ホメオパシー医療に携わっていた人だった。

「世紀末」の終末論の高まる中、スイスとカナダに足場を置いた教団で集団自殺を鼓舞したといわれ、銃殺、薬殺、焼殺などを含む五〇人以上の遺体が発見されたことで、メディアを震撼させた。子供たちや教祖も含む集団自殺で、真相は闇の中だが、高学歴で裕福な白人が多かったためにその「マインドコントロール」の実態が物議を醸した。

高額な料金を払って「本当の自分」と出会ったり、回復したり、高次の世界へ覚醒したりすることを願う人たちと、同種の神秘思想から出発してテロや集団自殺に進む人たちを分けるものは一体何かということが、その後の「カルト監視」でいっそう注目されるようになったのだ。

シュタイナーの「人智学」から派生した大きな流れにはエコロジー・カルトがある。シュタイナーは「エコスピリチュアリティ」のパイオニアだった。「植物は宇宙とコネクトしている」という理論は、現代のバイオダイナミック・ファームという有機農法にも継承されている。

しかし、このシュタイナー理論はヒトラー内閣の大臣でナチスのトップの地位にあったリヒャルト・ヴァルター・ダレによって「血と土」イデオロギーに根拠を与えた。「血」は血統であり、「土」は土地で、北方民族の未来は「土」にかかっているとして森林の保護、ドイツ農民の民族主義を高めた。リヒャルト・ヴァルター・ダレは、ナショナル・ロマンティシズムの潮流の中で、食糧大臣になった時にもシュタイナーのバイオダイナミック農法は「真理」であると言っている。

実際は、後のパーマカルチャー（次節）の挙げる「地球に配慮」「人々に配慮」「すべてに限度を設けた上で余剰を分かち合う」という有機農法でも想像できるような「生産性」の低さは、戦時には向いていない。しかし、当時のドイツは、農業大国であるフランスを占領（一九四〇－四四）したばかりだから食糧供給は安泰だという認識があったのだ（ちなみに、同時代のイタリアでも、カトリックから転向して仏陀なども取り入れた神秘思想家ユリウス・エヴォラが霊的なアーリア人至上主義を説いた著作がムッソリーニに称賛されるなど極右エゾテリスムが生まれていた）。

では、シュタイナーの有機農法に科学的根拠があるのかといえばそうではない。例えば、シュタイナーと信奉者らは、太陽はキリストの体、月はアトランティス人が植民地化した牛の角からできている天体で小人が住んでいる、地球は何度も転生を重ねている（エロヒムたちに創られた地球の最初の名は「旧土星」で将来は「未来の木星、未来の金星などになる」）、などと説いた。また、牛の糞を牛の角に乗せる儀式などの他、カシの木は多くの動物の住む液体である火星の影響下にあり、トネリコは木星の影響下にある、ヤドリギは転生前の地球の姿だからルシファーの影響を受けていないので癌を癒すなどの科学的根拠のない、さまざまな理論を残している。

けれども、シュタイナーに自然科学の知識がなかったにもかかわらず、近代が分けた「人間対自然」という二元論の以前に回帰する自然農法という考えはその後も伝えられた。今の「西洋」におけるすべてのバイオ・エコロジーのもとにはシュタイナーの「人智学」があると言ってもいい。

パーマカルチャーとエリファス・レヴィとルネ・ゲノン

一九七〇年代のオーストラリアで生まれたパーマカルチャー（Permaculture）にも、ニューエイジ系のカウンターカルチャーとオーストラリアのアボリジニの宇宙観などの混淆が見られる。パーマカルチャーは、生物学者のビル・モリソンと彼の弟子だったデビッド・ホルムグレンがオーストラリア南部のタスマニア島でスタートさせた。

もともとパーマネント（permanent）とアグリカルチャー（agriculture）を組み合わせ、「持続可能な農業」という意味だったが、後に拡大していく。シュタイナーのバイオダイナミック農法とは違って妖精や死後の世界や転生などを信じることはベースになく、それらは個人の体験、信仰の分野であると切り離している。アボリジニのトーテムや宇宙観を信じることも個人の自由に属する、として、オカルト色は消されている。

一九九〇年代以降はカルチャーという言葉も農業から「文化」という意味に広げて、パーマカルチャーは社会学、哲学、倫理学、システム学への広がりを見せた。農業分野でも、より科学的なパーマサイエンティズムというヴァージョンも派生したし、パーマ原理主義、「地元」重視などさまざまな分派を生みながら、エコロジー農法の勢力として世界中に展開している（一九三〇年代の日本でも、世界救世教の教祖である岡田茂吉《もきち》が、実践・推進した独自の無農薬有機農法である「自然農法」が生まれた。それは「土の持つ本来の浄化力を活用しようとする試み」とされ、有機農法や自然食の先駆けとなり、世界メシア教会としてブラジルにも広がっていることは興味深い）。

フランスには近代エゾテリスム研究の代表として常に引き合いに出される二人の巨人がいる。カトリックをベースにしながら、文学的、ロマン派的、パリのサロン的なアプローチで「魔術」の体系を用いて近代エゾテリスムの地位を強固にした二人の「巨匠」とは、一九世紀のエリファス・レヴィと、東洋の宗教やスーフィズムの伝統の中に、ルネサンスの「フィロソフィア・ペレンニス」と同様、すべての宗教の根源にある核を求めようとした二〇世紀前半のルネ・ゲノンだ。

エリファス・レヴィ（本名アルフォンス・ルイ・コンスタン）は自らがロマン派詩人でもあり、象徴派のアーティストに多大な影響を与えた。フランスの薔薇十字団を再建し、一八五六年に刊行した『高等魔術の教理と儀式』は、近代のオカルティズムの経典のように扱われることになった。ボードレール、ヴィリエ・ド・リラダンらの「高踏派」など多くの文学者にも影響を与えた。

後にヘブライ風の筆名レヴィを名乗るアルフォンス・ルイ・コンスタンは、もともと神学校に通うようなカトリックであった。とはいっても、近代革命以後のフランスはすでに体制としてのカトリックが知識階級やアーティストに対する強制力を持たない時代で、「魔術」は「万物照応」のシンボリズムやダンディズムに属していたのだ。同時に、カトリックの豊かな伝統や神秘思想は彼らを自由にインスパイアした。レヴィの著作はそんな時代の「必読書」となった。オカルトが洗練された文化と共存するのは、メスメリズム以来のフランスの特色だともいえるだろう。

ルネ・ゲノンは、後の文化人類学者レヴィ＝ストロースが広範な実地調査によってポスト・モダンの牽引者となったことにも匹敵する、世界的視野を持つ碩学の哲学者だった。東洋の形而上学の諸相を比較研究し、人類普遍の霊性について分析している。ゲノンは、ダンディズムとは無縁で、アカデミックなアプローチを徹底して、いわゆるオカルトを否定し、神智学や心霊学を疑似科学、疑似宗教だと批判した。

ルネ・ゲノンは、世界各地の伝統宗教を比較宗教的観点から検討、分析、紹介するが、東洋の形而上学を重視しているところは、ヨーロッパのエゾテリスム研究の流れにつながる。宗教やイニシエーションのシンボリズム研究を通して、「秘儀」の中に「普遍」を探るという大きな業績を残した。第二次世界大戦の前からカイロに移住し著作を続けて一九五一年に没した。

フランスでエゾテリスムやオカルトの門戸が広いのは、このエリファス・レヴィとルネ・ゲノンという、まったく異なるタイプの知性が残した著作を基盤にした多角的なアプローチがなされ続けているからだといえるだろう。ルネ・ゲノンについては、あらためて終章で取り上げるが、この二人が、今でも人気があるのは、百科全書的に都合のいいところばかりを引用されているからだろう。

魔女とフェミニズムとオカルト

一九七〇年代から盛んになったフェミニズムに由来するオカルトもある。といっても最初は「魔女」と称していても、エゾテリスムとは関係がなかった。一九七五年のフランスで「魔女」という言葉を掲げたのは、人工妊娠中絶を解禁する運動などで、「魔女」という言葉は、政治的なイデオロギー発信のレトリックだった。それがやはりエコロジー原理主義やアングロサクソン型フェミニズムに取り込まれて変質していった（第1章参照)。

アメリカにおけるウィッチクラフト(魔女術)文化というのは、中世の魔女の集会である「サバト」を模すなど一定のパターンはあっても、さまざまな伝説をパッチワークした「再創造」であり、「魔術」によって「召喚」する対象も、動物や自分の故郷の神など多様だ。

一九五〇代から登場したウィッカという活動は魔女というより「女神」系であった。中世の魔女伝説に付与されていた悪魔との交合という性的イメージは廃されて、異性との交わりによるエネルギー獲得という観念が捨てられた。そもそもあらゆる魔術には「意識の変容」という要素があり、既存道徳への反骨精神が含まれているが、近世のアメリカで起こった魔女狩りやピューリタン的役割分離での女性差別の歴史への反発が、「独立した強い女性」というモデルを生んだ。その名を魔女と呼んだのだ。

アメリカにおいてはフェミニズム神学の傍流であり、中世に遡る女性弾圧(『魔女に与える鉄槌』一四八六年など異端審問の手引書)の歴史への「報復」感情が、魔女パフォーマンスの底流にあった。それは時として創作アートとなり、時として政治的イデオロギーの表明でもあった(トランプやプーチンを呪う、という魔女の呼びかけがネット上に広がっている)。

フランスにおいてはその中で、もとは政治的左派の抵抗運動・解放運動であったものが、二一世紀のオカルトの社会的表現の中で、政治的な右傾が見られるのは興味深い現象だ。エコロジー運動も、もとは中道左派に足場を置いていたものが、今は中道だけではなく極左と極右の両極端に見られるようになっている。

政府による過疎地の開発計画において、政府批判の極左グループが当該地を占拠して退去を迫る官憲と衝突したり、森林地区の開発計画においては地元民の反対勢力に迎合する極右が強硬な運動を主導したりという状況だ。

それらの社会的な団結を志向する「魔女」の運動は、やがて、テクノ・パガニズム（テクノロジーを駆使した異教主義）へと進化することで、オカルト2・0の登場を促した。中世の魔女だけではなくキリスト教以前の自然崇拝を取り入れたネオパガニズムとヒッピーなどのニューエイジ運動は、若者たちの共同生活や「連帯」、共闘を目指していたが、二〇世紀末以来のデジタル技術により、先進国には「コンピューター文化」が定着した。

そのことで、それまで、「魔女コミュニティ」や「エコロジー運動」に参加できなかった若者たちに新しい道が開けた。地域的な理由や発達障害などの理由でグループ活動がうまくできない若者や、特に、社会的にも家庭的にも親元を自由に離れることが困難な「若い女性」たちにとっては画期的なことだった。

孤独感や家庭的トラウマを癒すためにデジタル機器を通して「異界パワー」を召喚するという道が開けたのだ。「自分だけの儀式」の登場はオカルト2・0の誕生と軌を一にする（もっとも、そこには現実世界と同様に表と裏があり、オカルト・ビジネスや、マインドコントロールもあれば性的搾取にまでつながるリスクがあふれている。だからこそ、新たなオカルト・リテラシーが必要とされるのだ）。

オカルトやエゾテリスムから「秘密」がなくなった

二〇二三年五月にフランスのモンペリエの古城で「明日サロン」が開催された。主宰する「地球進化のエネルギー運動」協会のモットー「すべての人には登るべき山がある。どうやって上るかを決めるのは自分だ」は、「自己啓発系」に似ているが、もう一つのキャッチフレーズ「暗闇の中でこそ、光がよく見える」には秘儀の香りがする。

実際、このサロンにはエゾテリストや陰謀論者や極右政治家らが集まった。進化論は嘘であり一〇万年前にも文明はあった、社会主義、グローバリゼーション、同性愛、ジェンダー教育などの逸脱は星座の変化により強調されているなどの理論の他、ナチスのオカルティズムやエゾテリスムに影響された極右イデオロギーも少なくない。

このサロンに集まった人々は、大きく分けて二種類あった。一つは、断続的に二年間続いたコロナ禍のロックダウンによる閉塞感の中で、宗教にも政治にも失望して、反ワクチン運動や陰謀論に傾いたタイプで、彼らは既成の体制やシステムから完全にドロップアウトして「反体制」ですらない人々だ。

もう一つは、政治に関心のあるタイプで、今の社会の頽廃ぶりを憂え、社会秩序の回復を望んでいる人々だ。ネオリベラリズムが席巻する世界での実存的な虚無に対抗するために、政治・経済・科学・メディアのすべての既成システムを批判して、伝統的でヒエラルキーがあり、非「合理主義・物質主義」の指導者がいる社会の到来を待望する。この一部の人々が極右エゾテリスムを形成しているのだ。

フランスでは「大地と民衆(Terre et Peuple)」協会やヨーロッパ文明研究グループ(GRECE)がその極右エゾテリスムのグループにあたり、ナチズムの影響を受けた「ゲルマニスト」運動はアメリカにも広がって、「ユダヤ教の分派であるキリスト教」を排斥している。

二〇二三年の六月一〇日には、パリ最大の映画館の一つであるグラン・レックスで、元テレビプロデューサーのアレクサンドル・シャヴエが企画した「超常体験ショー」が開催された。二八〇〇人が詰めかけ、一ヶ月半前から六〇〇人がキャンセル待ちという盛況だった。霊媒のアンヌ・テュフイゴが死者との交信を受け付け、SF作家のベルナール・ウェルベールが退行催眠で自分の過去世と出会うなどの考えを披露し、細胞記憶の治療師フランソワーズ・ネレが細胞のプログラミングを解く方法を教え、集団で催眠術、メディティーション、心臓の動きを一致させるパフォーマンスなどが繰り広げられた。

実演者はみなネット上で自分のサイトやユーチューブチャンネルをすでに持っている。アレクサンドル・シャヴエはセヴェンヌ県の館でも同じような講演会とハイキングを組み合わせた滞在型イベントを開催していて、グラン・レックスのショーの出演者たちもそこにやってくる。

波動率を使うエネルギー療法を施すリュック・ボダン元医師（医師会を離脱した）や超常現象の教皇と呼ばれるステファン・アリックス（分析型ジャーナリストと自称して死後の世界やET、磁気療法などを語る）も人気だ。滞在費は五日間で二〇〇〇ユーロ（三〇万円）だ。

若者が多いのも特徴だ。二〇二三年のフランスの統計では一八歳から二四歳の三分の一が呪術を信じると答え、それはシニア世代の一二％を大きく上回っている。社会学者たちはこのことを、若者はハリー・ポッターからビデオゲームまで「魔術」に慣れている上に、チェルノビリやフクシマ、気候変動などの不安を煽られる環境の中で、物質主義よりも、自然へ、さらには「非合理」に回帰する傾向にあると説明する。

もう一つの特徴は「嘘だとはわかっている、でも……」という「半信」現象だ。もう「神」を信じないからといって何でも信じていいわけではないとは自覚しているのだという。

一般的な「半信」現象とは、根拠がなくても、なんとなく梯子《はしご》の下はくぐらない、といった類のもので、人類学的には、意味の欠如の恐怖と、長いスパンで起こりうることへの恐怖という二つで説明されている。生きていることのすべてに何らかの「意味」を見いだそうという実存的な反応だ。人類は、自分自身よりも大きな何かに属していると感じることを必要としている。

オカルトやエゾテリスムといえば、「秘儀参入」の含意があるにかかわらず、ニューエイジ以来、自己実現や人生の困難解決法を探る魔術風味の自己啓発が主流で、すっかり「秘密」はなくなってしまった。情報があふれる世界の個人主義の中では、「魔術」も表面的でコスパやタイパがよいものが求められている。タロットカードや占いカードの売れ行きが顕著に伸びているのも、人々が「予知」というより「アドバイス」で満足するからだろう。

コラム3

コーチングから霊媒へ――パラプシーの最新状況

パラプシーに増えた「コーチング」

前年に行けなかった二〇一六年のパラプシーでは変化に気づいた。本来は占い系・霊媒系であるこのサロンの「健康志向」が目立っていたのだ。戦後のベビーブーム世代がリタイアして高齢化してきたからだろう。健康法に、東洋風「瞑想」ブームとエコロジー、アンチ・エイジング、自然食品のマーケットが結びついていて賑わっていた。

驚いたのは、霊媒や占い師のブースのほとんどに「コーチング」という言葉があったことだ。未来や運気を見た上で、それをプラスに変えていくアドバイスをするというのだが、「コーチング」というネーミングそのものに、グローバリゼーションを反映するマーケティングを感じた。

このサロンで信頼されて「パーソナル・トレーナー」になるという道が考えられているのかもしれない。さまざまな「自己啓発」や「コーチング」がスピリチュアリティのヴァリエーションであることをあらためて感じた。

この時、私はタロットと霊感によるコーチングをする若いグアダループ（フランスの海外県）出身の女性霊媒と一時間くらい話した。彼女の生い立ちや霊媒になった動機、なぜ霊感があると信じるようになったか、これまでの客や「師」や家族との関係などをたっぷりインタビューしたが、若いのであまり偏見がなくフランクに話してくれた。確実にいえるのは、私に他の「個人的な相談事」がないことを見抜くだけの能力があることだろう。

私に「相談事や悩み」がないことを見抜いてたまに怒り出す人もいるが、ある「超能力者」に紹介された時は、初対面で会ったとたんに私の頭は空っぽで霊媒泣かせであると、言われたことがある。

私はその時も、好奇心しかなかったのだが、その人に会うチャンスに恵まれた他の人には、自分の運命について知りたいことがたくさんあるのだろう。ましてや、金を払って占い師や霊媒の前に座る人のほとんどは自分の「悩み」でいっぱいで、それは霊媒の目から見ると「ダダもれ」状態であるらしい。

霊媒に亡くなった友人について聞いてみた

占いだけではなく霊媒にももちろん興味があった。フランスのジャーナリストが父親の棺に四つのものを入れて埋葬した後で、有名な霊媒四人に父親にコンタクトしてもらい、それが何かを伝えてもらうというテストをレポートした本（Stéphane Allix《Le Test: Une expérience inouie : la preuve de l'après-vie?(Albin Michel)》）を読んだことがある。この著者のアプローチは私と似ていて、本当に興味があるのは、霊界との交信みたいなものではなく、目の前にいる「霊媒」そのものであるようだった。

「霊媒」を「霊」だけではなく、「霊と交信したい人」を前にした仕事または活動にしている人たちと見る。

彼らの心象風景、動機、失敗や成功に関するスタンス、自分の「霊感」に気づいたのはいつか、生育環境、きっかけ、「信じていない人」を前にすると何が起きるか、などに興味がある。それに霊媒と霊媒の前にいる人、そして霊（最近亡くなった人、先祖、前世の自分、浮遊霊、悪霊、守護天使など文化や心理状態によっていろいろな形で霊媒とその「客」との間に現れるとか意識される何か）との三者の関係性で見ることにも関心がある。

宗教の中の「霊体験」となると時代的・文化的にあまりにも複合的な要素があるので分析は困難だが、個人で霊媒活動をしている人と個人でそれに期待する人との関係はある程度わかりやすいし、「宗教心」全般の根っこにあるものの一つともつながっていると思える。

二〇二三年のパラプシーが始まる数日前、三十数年来の友人であった日本人女性がパリの自宅で急死した。遺体はすぐに移動され、葬儀までには間があった。彼女の突然の死を嘆くというより信じられなかった私は、パラプシーで数名の霊媒に尋ねてみようと思った。葬儀の前日、「死者と交信できる」霊媒をはしごしてみることにしてサロンに出かけた。彼女の写真を見せて、この友人と急に連絡が取れなくなったのだがどうしているか見てほしい、という形で依頼することにしたのだ。嘘を言っているわけではない。

久しぶりに行ってみると、以前はオカルト色が薄くなって「コーチング」路線になっていた占いコーナーに「霊媒」色が一気に復活していた。

コロナ禍を経た後だからか、実際に家族をパンデミックによって失った人や、コロナ禍のために家族や友の死に目に会えなかったり葬儀に出られなかったりした人が増えたせいだろう。

まず、最もメジャーで料金も高いユダヤ人の男性霊媒を選んだ。二六年の実績があり、ひらめきによる予言、直観による透視能力、正直さ、予知の正確さ、妥協のなさで知られていて、企業でのコンサルタントもしている有名人だという。

私と相性がよくないのは予感できた。前述したように、高い料金を払って相談に来る年配女性はもちろん心配事を抱えているから、医者の診察室に入った患者と同じで、すでに一種のヒエラルキーが形成されている。ヒエラルキー上位が壮年の男で下位が年配の女性であると権力勾配はより強くなるし、しかも私はアジア人だ。その私がまったく彼の「威」に関心がないので苛立ったのはわかる。

ところが彼はそれさえすぐには見抜けなかった。最初は、どうして自分に霊媒の能力があると気づいたのかという私の質問に、元はレストランのウェイターで客に話をして、後で、彼の言う通りのことが起こったと報告に来る客が相次いだからだ、などと答えてくれていた。でも私が、「それは多くの客には何の影響もなく、たまたま、あなたの言ったことが偶然当たっていたという人だけが戻ってくるだけで、エビデンスにはならないのでは?」と言ったとたんに気分を害したらしい。

次に、年配の女性の霊媒で能力を評価されているという人に相談した。じっくりと写真を見てくれたし共感的だったが、決定的な答えはくれなかった。最後に、今回も、グアダループ出身の若い霊媒に相談することにした。

この人の能力の優れた点は、私に真実を話させたことだ。私は友人が一〇日前に亡くなったことを自然に口にしていた。彼女は、翌日に友人からのコンタクトがあるだろう、と言った。急死だったので、友人自身がまだチャンネルを開いていないということだった。

翌日から、いくばくかの不安の中で友人からのコンタクトを待ったが、結局何も感じることができなかったのだけれど、なぜだか、霊媒に騙された、という気持ちは起こらなかった。私は「待っていた」だけで、自分から友人にコンタクトしようとはしなかったからだ。このことは、人間性や死生観や人生観、いろいろなことにあらためて気づきをもらえた体験となった。

第4章

科学史・科学哲学とオカルト

「科学」が「謎」「ミステリー・ゾーン」を認め始めた

二〇二一年、フランスで、『神、科学、証明』という大部の本がベストセラーになった。

フランス人の多くは幼児洗礼を受けたキリスト教徒だが、一九六八年の五月革命の「洗礼」を受けた若い世代以来、教会離れが進んだばかりか、ヨーロッパに特有の、「神は存在するか、しないか」という問いに対する答えによって社会が二分された。

イスラム世界ではそのような問いかけは伝統的にも宗教的にも不可能だし、日本のような多神教メンタリティの国で神道と仏教と国家神道とが習合してきたような文化圏からは想像するのは難しいが、フランスで、特に二〇世紀に高等教育を受けた世代にとっては深刻な問題だった（エリートには中等教育ではイエズス会などカトリック系の学校を出た人が少なくないにもかかわらず、共和国の「教育社会主義」により、高等教育のほとんどが国立であるという実態もある。例えば医学部は国立大学以外には存在しない）。

このような背景のもとに、長い間フランスでは、「知識人」なら「神の存在」を否定するし、まして「理科系」「自然科学者」にとっては「神は存在しない」、だから自分は「無宗教」であるという自意識がデフォルトになっていた。それでも、ほとんど民俗的伝統のように子供に洗礼を受けさせたり教会で結婚式を挙げたりする知識人層は今でも存在するが、彼らは「宗教行事」と「信仰」を分けることで自分の立場を正当化してきた。

ところが、二一世紀になって、宇宙のマクロな世界と分子や原子、量子のミクロな世界の「観察」技術が飛躍的に発展するにつれて、「科学」はこれまで「科学的立証」不可能という理由で「迷信」「フィクション」だと切り捨ててきたいろいろな現象を説明できるようになった。一方では、これまで「科学」の視界に入らなかった膨大な「謎」「ミステリー・ゾーン」の存在を認めざるを得なくなった。

わかりやすい例を挙げると、これまで「暗示」「幻想」などの曖昧ゾーンにあった「プラセーボ（偽薬）」や「ノセーボ（副作用を説明される偽薬投与）」という現象が、脳のメタボリズムで説明できるようになった。「精神医学」や「心理学」の範疇で語られていたものが、「可視化」されるようになったのだ。プラセーボを投与されても脳の快楽系ドーパミンが放出されること、ノセーボでは恐怖や怒り、不安などに関わる脳内神経伝達物質のノルアドレナリンが活性化することが観察されている。

無論、科学の歴史の中では、世界の終わりにも似た恐怖をもたらす「皆既日食」が説明され、計算されるようになったり、地球が丸いことや地動説など経験的にはとても信じられないことを万人が納得するようになったりしたことはすでにある。その結果、神の怒りで天変地異を説明するような宗教の権威が否定されるようになったのは確かだ。

しかし、「宗教」を「蒙昧」としてきたはずの科学は、技術の発展と結びつくことで、「経済」と結びつき、「新たな」権威となり権力となっていった。近代革命によって国王の「神聖性」を否定し、「産業革命」によって環境搾取や軍事力の強化を進めながら「成長」した「欧米」の科学界は、新しい「宗教」の担い手となったわけだ。

科学のエスタブリッシュメントがいったん経済と結びついた後は、共和国の自由平等を体現していたはずの高等教育においても、当然のように「産学共同」が進んだ。医学や生物学は大規模医薬産業に、化学や物理学は軍事産業に取り込まれるようになったのだ。

そうなると、ある製品を科学的正当性によって担保していた理論や実験に関して、理論の誤りや不都合な点、新しい知見が発見されても、すでに定着した「市場価値」はすぐには動かせない。データの隠蔽、捏造や抹殺も起こる。アメリカのタバコ業界が三〇年にわたって喫煙の有害性やニコチンの依存性について事実を改ざんしてきたことが、一九九〇年代の内部告発で発覚したことはその例だ。

権威と権力に支えられたヒエラルキー構造を持った「宗教」となった「科学」であるが、そこには超越的な価値もモラルももとより存在しないから、過去の多くの主流宗教が陥ったのと同様に、「腐敗」「汚職」が蔓延する事態も起きうる。

「神の存在」を再度証明しようとしたボロレとボナシー

一方で、そのような原理主義的に硬直した科学の「主流」からもともと外れているものは、治療法にせよ、治療薬にせよ、傍流として退けられて、「代替療法」「民間療法」のようなサブカルチャーとして扱われたり、「オカルト」のカテゴリーに入れられたりと、一種の棲み分けが定着していた。

けれども、コペルニクスが、ダーウィンが、ニュートンが、アインシュタインが科学を革新したように、実は、現代科学はさらに飛躍的な進歩の中で、主流と傍流の棲み分けを無化しようとしている。その中で、もう一度「神の存在」を最新科学の成果の中で証明しようとしたのがミッシェル＝イーヴ・ボロレとオリヴィエ・

ボナシーだ。

共に理科系エリートでありながら実業家でもある二人が「科学こそが神の新しい同盟者である」という「証明」を展開してみせたものが、ベストセラーとなった『神、科学、証明』である。序文を寄せているのは一九六四年にビッグバンの名残である宇宙光線を発見して一九七八年にノーベル物理学賞を受賞したロバート・ウッドロウ・ウィルソンだ。

神の存在とはいっても、ユダヤ＝キリスト教文化圏の文脈であるから、彼らのいう「神」とは宇宙万物の「創造神」のことだ。そして、「神の存在証明」というのは、現実の時空内に存在する宇宙のすべてとは別のところ（超越した場所）の何かが別の形で存在するという証明になっている。

ビッグバン理論がその後の観察や計算によって科学界のコンセンサスとなった今、彼らのいう「証明」には、大きく分けて三つの根拠が挙げられている。まず、「無から有は生まれない」ということだ。無から有が生まれる、とすれば、科学も哲学も行き詰まってしまう。

宇宙には「始まり」があった。だから「宇宙」を生んだ何かが、宇宙の外に存在するというわけだ。それでもスティーヴン・ホーキンスのように「無から有が生まれうる」ことを敢えて主張した学者や、マルチバース（多宇宙）理論を語る者もいる。

今の宇宙のビッグバンを生んだのは先行する宇宙の終わりの過程であり、今の宇宙の終わりの後にも別の宇宙が生まれる、つまり永遠に続く宇宙の連鎖の一つであるとか、あるいは「並行宇宙」の存在などを語る者たちはいるが、それらは仮説でしかない。今の科学においては、宇宙には始まりがあり、終わりがある。

人類の「宗教」というと、生前の世界や死後の世界を語るもので、キリスト教文化では「永遠の命」が約束されるから宇宙の有限性は一見、キリスト教哲学と相容れないようにも見えるかもしれない。しかし「死後の世界」は「生前の世界」と同じように、この世の言葉では語ることのできないミステール（神秘）に属するので、被造物である宇宙の有限性は矛盾しない。

「神の存在」を証明しようとしたボロレとボナシーが二番目に挙げている根拠は、当初は人間の理解を完全に超えていた「宇宙」の仕組みが、決してランダムではなく整えられていることが次第にわかってきたというものだ。光の速度を超えることはできないということや、宇宙が膨張していく速度、その終わり方まで予測できるようになった。

近代以前は線的な因果律によって説明できるものが「科学」で、そうでないものは「非科学」とされていたが、量子力学の登場以来、因果律は線的でなく複雑系であることが次々と明らかになった。これは、「宇宙がなぜ始まったのか」よりもさらに深い問いで、なぜ「設計」されていたのかという問いになる。

体制化された「キリスト教の神」を離れた西洋の思想潮流の中で、フリーメイスナリーがキリスト教と差異化するために、また無神論者をも取り入れるために、神という言葉を用いずに「宇宙の設計者」という用語を使ったこととも一致している。宇宙はただ創られたのではなく、その終末まで「設計」されていた。

三番目は、二〇世紀以来、細胞の遺伝子構造が明らかにされ、ゲノムが解析され、幹細胞から別の細胞を作り出すことにも成功してきたが、生命体ではないタンパク質にどんな刺激を与えてもそれが「生命」になることはなかったという事実だ。無生物が生物になる一押しがどこにあるのかはいまだわからぬままで、その試みはもはや断念されている。

宇宙の中で「生命」が登場したことのミステールは解明されないままだ。これも、「生命」を与えた何かが、この世界の外から働いたと考える根拠になる。そもそも、地球上に限っても、いわゆる理性では合理的に説明のできない謎や「奇跡」と呼ばれる現象があり過ぎるのだ。

それらは「幻覚」「妄想」「神話」「伝説」「詐欺」「トリック」などと切り捨ててしまえないほど多くある。

ある聖母出現の奇跡

「奇跡」とされる現象の一例として、複数の視点から成る記録がたくさん残っている一九一七年一〇月一三日にポルトガルのファティマで起こった「太陽のダンス」現象を取り上げてみよう。「ファティマ第三の秘密」というテーマで日本のオカルト界でもよく知られているものだ。

まず、同年の五月一三日に、七、八、一〇歳の三人の子供たちの前に聖母マリア（子供たちは貴族の婦人という表現をしていた）が現れた。それから毎月一三日に聖母が現れて、さまざまなヴィジョンを見せたり、お告げをしたりした。その中には口外できない「秘密」もあったというわけだ。

聖母ご出現の噂は広がって、ついに世界中から人が集まった。なぜなら、聖母は七月のご出現の折に、三ヶ月後の正午に人々を信じさせるための奇跡を起こすと伝えたからだ。

当時のファティマは、信仰篤い人々が住む村などではない。ポルトガルにはカトリック教会を否定する反教権主義が広まり、無神論者が多くいた。だから子供たちにも特にキリスト教の知識があったわけではない。実際、奇跡が予告された翌月の八月一三日のご出現「予定日」には、宗教がらみのスキャンダルを避けようとした官憲によって子供たちが逮捕拘束されたのでご出現が起こらなかった。

十分な予告期間があったから、一〇月の当日は、実に七万人の人々がファティマに集まった。庶民ばかりでなく、貴族も技術者も医師も公証人も役人もいたし、多くのジャーナリストやカメラマンが各地からやってきた。

一九世紀にはフランスで、バック通り（パリ）の愛徳姉妹会チャペル、アルプスのラ・サレット、ピレネー山麓のルルド、ロワール地方のポンマンと、四度もの「聖母ご出現」が起こっていて、有名な巡礼地を形成していたが、目撃者以外の証言はなく、ご出現中の写真などもちろん存在しない。「奇跡」は、聖母の指示によって作成されたメダルやご出現の地の湧き水などによってもたらされた「治癒」を中心に積み重ねられていったものだ。

そんな時代に、反教権主義の広まるポルトガルの田舎で突然「ご出現」らしきものがあり、しかも日時を特定して誰にでもわかるという「奇跡」が予告されたのだ。信者や無神論者だけでなく、「好奇心」が人々を駆り立てたのは間違いない。

その日の空は朝から雲で覆われて雨が降り続いていた。早くから詰めかけていた人は傘を差し、服も靴も濡れそぼっていた。家族に付き添われてやってきた三人の子供たちが、毎回聖母が現れるはずの樫《かし》の木の前にたどり着くのさえ時間がかかった。

子供たちはようやく木の前で跪《ひざまず》いてロザリオの祈りを唱え始めた。正午になっても雨は止まない（実際の「奇跡」が起こったのは、当時の標準時間でなくファティマの太陽時間の正午に当たっていたといわれる）。突然、年長のルシアが「傘を閉じるように」と言った。群衆はすべて従った。聖母がいつにも増して明るい光の下に現れた。聖母の姿は群衆に見えなかったが、その時に群衆を見下ろせる場所から観察していたアルメイダ・ガレット博士はこう記録している。

「突然一〇〇人くらいの叫ぶ声が聞こえました。足元に見えるすべての人がそれまで凝視していた場所から背を向け、反対側の太陽を見ていました。私も彼らの視線の方向に目を向けると、境界のはっきりした鋭いエッジを持った太陽が、目を傷めることなく輝いていました。霧を通して見える太陽と混同してはいけません。その瞬間には太陽を覆う霧も雲もなかったのです。太陽は、光も、大きなゲームテーブルのように端がはっきりとした形も鮮明で、熱も伝わってきました。驚くべきことはその太陽を、網膜を傷めることなく肉眼で見つめ続けられたということです。群衆から不安に満ちた叫びがまた上がりました。血のように赤い太陽が、速い回転を続けながら空から離れて地上へと近づき我々をつぶすかのようでした。その一瞬は一番恐ろしいものでした」（もとは《I'Illustraçao Portuguesa du 29 octobre 1917.》という新聞に掲載された。ここに掲載したのは関連書に出ていたものを筆者が訳したもの）

医師は、そもそも太陽を肉眼で見ることなどできないことを承知している。それなのに、ポルトガルの主要メディアのジャーナリストを含む七万人全員が同じ方向を見て同じ現象を見たのだ（その場から数キロメートル離れた場所にいた人による、同じ時間に同じ現象の目撃情報もある）。その後には、後に「薔薇の雨」と呼ばれる小片が空から舞ってきたが、すぐに消滅した。その写真も残っている。

後に「太陽のダンス」と呼ばれるようになったこの現象が、天文学的な「太陽」であったはずはない。もちろん日食のような天文現象でもない。今の気象学でも、二週間以上後の確実な天候予報は不可能だ。三ヶ月前に「予告」されていた日の天気など人工的に演出され得ない。無論レーザーやドローンやホログラムなどによる演出など不可能だ。不思議なことに、この「ダンス」が終わった時、朝から詰めかけていて雨でぐっしょり濡れていた人々の衣服がすべて完全に乾いていたという。

ルルドの奇跡認定の試行錯誤によって、カトリック教会の認定する「奇跡」は、その時点の科学では説明できないことであり、しかもその霊的な「意義」が認められるという二つの条件が定められている。その「審査」は、近代の科学主義と拮抗するために次第に厳正なものとなっている。

ある個人の不治の病や障碍が消滅したというタイプのものではなく、このファティマの「太陽のダンス」は現象も規模も「目撃者」の数も膨大なものだったので、通常の「審査」すらなかった。立場の違う多くの人々が同じ虚偽の申告、作り話をするということは考えられなかったし、写真や映像でも、すべての人が同じ方向を向いている場面などがはっきりと残っている。説明のつかないこの現象の「説明」として唯一流布したのはいわゆる「集団催眠」説だが、不特定の七万人という数は集団催眠の条件を満たしていない。

結局何が起こったかというと、カトリックへの回心、聖堂の建設、「巡礼地」としての許可、祈りによって得られた無数の「恵み」の証言の集積、経済効果などであり、「太陽のダンス」の信憑性への問いかけなどはないままに終わった。

ミステール（神秘）をオカルトから回収する試み

多くの超常現象や奇跡の中には、歴史的・社会的・政治的・人為的に説明のつくものも少なくないだろうし、今の時点ではミステールであっても、これからの科学の発展によって合理的に説明可能なものもあるだろう。それでも、科学が発展すればするほど、「科学」と「非科学」の境界が曖昧になり、人は「複雑系」の神秘の前に佇むしかない。

『神、科学、証明』の著者はカトリックの神学者でもあるので、「宇宙の設計者」と一神教の創造神を重ねる。彼らは、古今東西多くの社会で「太陽」と「月」が相並ぶ「神的存在」だと見なされてきたことに対して、旧約聖書のアブラハムからモーセまで、ユダヤ教では「宇宙には初めと終わりがある」という世界観があったことを指摘して、それが「ビッグバン」を暗示したものだったという。

もちろん六日間で万物を創造したというような「数字」はシンボリックなもので、今では地球がいつ生まれたかを数字で表すことができるが、そのような大きな数字の単位は古代にはなかったのだから、「誤り」を言い伝えたことにはならない。また、「最初の人間」が、神が土から創ったアダムとイヴであるという聖書の記述がダーウィンの進化論登場以来、絵空事であることが明らかになった、という考えにも反論している。

ある人が、マルセイユから高速特急に乗ってパリに着いたとする。パリに着くまで、列車はリヨンやマコンに停車しているが、彼は降りずに乗り続けていた。で、パリに着いた後、「どちらからいらっしゃいましたか」と聞かれれば、リヨンだとかマコンだとか答えるわけではなく、マルセイユからだと答えるのが当然だ。「人間の先祖は猿だ」というのは、中途駅をあげつらうに等しい。進化の過程もそれと同じで、人間の「祖先」が猿であろうと、もっと遡って両生類や魚類、海で生まれた最初の生命体であろうと、超越的な何かが細胞に命を吹き込むという「始まり」がなければ存在できていない。

宇宙物理学者のユベール・リーヴズが言った有名な言葉「人間は星の屑《くず》でできている」（我々はみな星の子供だ）とは、人間を構成しているすべてのもの、骨・筋肉・皮膚は分子でできていて、分子は炭素・酸素・鉄・窒素・カルシウムなどの元素から成り、それらすべて宇宙の星の中から生まれたものだという意味だ。人間が宇宙の誕生の後（天地創造の最終日）で生まれたこととは矛盾しない。

聖書の記述は大筋で、ビッグバンと、人間という理性を持った奇跡のような生命体の誕生と、その行く末を語っている。

『神、科学、証明』が、科学主義がデフォルトとなった世界で信仰を維持することに悩んでいた人や、科学主義一辺倒では決して解決できない謎の部分に悩まされていた人などを含めて大評判になったことは、ミステールをオカルトから回収する試みの成果の一つでもある。

二人の著者の立場はカトリックであり、それは創造神を立てる一神教でもあるわけだが、宇宙の設計者でクリエイターである「神は存在する」という証明の仕方によって巧妙に回避したものがある。それは、現在のキリスト教をキリスト教として成り立たせている「父と子と聖霊」の三位一体という根本教義の回避だ。

ポスト・モダンにおける「多様性」と直面した西洋キリスト教は、すでに、非キリスト教圏への福音伝道の歴史において、三位一体のうち、「子」を除いた「父」と「聖霊」の二つがより「受け入れられやすい」という傾向に気づいていた。イエス・キリストが同時に人であり神であるという教義は、それを否定するものを異端として排除しながら根付いてきたものだが、後発のイスラム教を「キリスト教の異端」として排除するわけにはいかない。

イスラム教でイエスは「メシア」と形容される預言者ではあるものの、「神」ではない。創造主としての「父」ならイスラム教と同じ「神」を語ることができる（イスラム教は、キリスト教は真の一神教ではないとする立場だ）。

また、自由主義者や多文化主義者たちに向けて語る時には、「父」も「子」もなく「聖霊」だけが強調される。フロイトの精神分析学の影響で、「父」には支配的・抑圧的イメージがついて回り、「子イエス」の強調は、「神の子孫」と称する人間を戴く政治や宗教の支配システムなどに汚染されてきたからだ。

「聖霊」は使い勝手がいい。多神教文化圏でなくとも、自然に宿る目に見えない「精霊」のような存在は、工業化・産業化以前の世界の原風景としてある。「聖」や「精」を取り払えば、「霊」が残る。

人は「肉体（体）と精神（心）と魂」から成るという考えはギリシャ哲学の昔からいわれてきたけれど、それぞれの肉体と精神を居場所とする「魂」は、肉体と精神を超える「霊」の世界とつながっているとされる。霊はスピリット、エスプリであり、いわば、この「霊」に特化したものがスピリチュアリズムだ。そして、伝統的な教義やイデオロギーの制約を受けないスピリチュアリズムから新しい教義や教祖を掲げる新興宗教が生まれたり、オカルト化したり、ビジネスツール化したりするという状況が生まれた。

認知神経科学とマインドフルネス

グローバル世界で受け入れられやすい「スピリット」に焦点を当てながら、それがオカルト化、あるいはビジネス化する傾向に警鐘を鳴らす科学者は少なくない。高名な宇宙物理学者であるティエリー・マニャン神父の著書『信仰と神経科学』は、技術革新によって脳の可塑性が確認できたことが脳科学のパラダイムを変えたことを解説する。

一時、人間の脳について、爬虫類脳（反射脳）の上に哺乳類原脳（情動脳）、さらなる上に新哺乳類脳（理性脳）がかぶさった「三位一体脳」などといわれたことがあった。今では脳のすべての部分が相互作用していることがわかっているし、遺伝学にエピジェネティクス（遺伝子表現の後天的変化）が登場した。

メンデルの法則やダーウィンの進化論は確かに生物学を宗教学から分ける分岐点にもなっていた。進化論によって否定されたのはラマルクの獲得形質の遺伝（高いところにあるものを食べようと首を伸ばしているうちにキリンの首が長くなるという例が有名だ）であり、「思考回路」とは突然変異などのアクシデントを除いて統計的に予測できる遺伝形質によって作られる、という考えが定説として長く続いていた。

ＤＮＡの塩基配列の発見がそれをさらに確固にしていた。ところがエピジェネティクスは、ＤＮＡの配列がそのままでも新しい遺伝子が発現したり、細胞の表現型が変化したりすることを発見した。

例えば、妊娠中の母親のストレスが子供に影響し、場合によっては孫にまで伝わることもある。これまで否定されていた「獲得形質の遺伝」が証明されたわけだ。ＤＮＡが同じ一卵性双生児でさえ、子宮内での位置など発育環境の差で　異なる指紋を持って生まれる。

また、それまで宗教の文脈でしか語られていなかった「瞑想」が、脳の記憶野の老化を遅らせたり免疫力を高めたりすることも、そのメカニズムの解明はともかく、対照実験（瞑想習慣のある人とない人を他の条件はまったく同じにした比較など）によって実証されつつある（対照実験については、Inès Moulinet, Edelweiss Touron, Gaël Chételat《La méditation dans le vieillissement: impact sur le bien-être, la cognition et le cerveau de la personne âgée》などに詳しい）。

このような認知神経科学の発展が脳生物学と心理学を結びつけ、環境など外部から来る情報が、概念形成、言語や思考や決定などに関する行動を左右することがわかった。それまで、実証科学と疑似科学の間に位置づけられていた精神分析や心理療法、催眠療法にも、別の可能性とビジネスチャンスがやってきたというわけだ。

その一例として、「瞑想」を体系化した「マインドフルネス」がある。ストレスや老化が脳に与えるダメージを「瞑想」によって回復させうるという「科学的根拠」に基づくメソードだとして、それまで「宗教」や「治療」などに縁のなかった人々にまで広がっている。

意識を集中し、呼吸を整えて、雑念を払った状態で脳を活性化させて、ストレスを軽減したり、仕事のパフォーマンスを上げたりするとして、ＩＴ企業などで社員研修に取り入れられることも少なくない。同じ文脈で、一般人の「座禅」修行も「心身の健康」維持の一環として広がった。

ポスト・モダンは「モダン」の基準を取り払った

科学が線的な因果関係の追究をするようになってから、複雑系を認めて新しいパラダイムに入ったことで、いろいろな事象に「科学」の名を冠するハードルが低くなった。サイエンスや科学を名乗る大手新興宗教も登場した。

その潮流にはいろいろな弊害もある。精神医学のアナロジーで人々を「癒す」だけでなく存在のステージを「高める」という方法論ができて、教祖やコーチや指導者との上下関係が生まれ、依存関係ができたり、搾取が行われたりすることもある。

現代の新しいパラダイムである複雑系の科学による後ろ盾を暗示されてしまっては、素人が検証することなど不可能だ。ビジネスになると予測された「商品」をめぐって、サブリミナル情報、メディアなどを駆使したプロパガンダが展開される。

スピリチュアリティの扱い方、扱われ方が混乱してリスクを伴うようになったのは今世紀に入ってから顕著な傾向だ。実証科学の権威が確立した後でドアから追い出されたスピリチュアリティの中には、複雑系の登場によって窓から侵入したもの（超能力系や奇跡の癒し系の多くの新宗教など）もあれば、堂々とドアを開けて戻ってくるもの（複雑系の科学や心理学を盾にしてはびこるさまざまな自己開発メソードなど）もある。冷戦終了後のグローバル金融市場や、薬品会社、軍事産業と結びついた科学技術至上主義への「反動」がその根底にあった。

ヒューマンな地平から突出し過ぎたテクノロジーの中で、人々に残存する原始的心性が居場所を見つけようとしていた。都合のいいことに、社会学者や哲学者、文化人類学者、民俗学者、言語学者などの「人文科学者」たちが「複雑系」の科学用語を手軽に使えるようになった。それは日本でも同様だった。

人文科学における「複雑系」のパラダイム転換は、脱構築の「多様性」にあり、ポスト・モダンは、「西洋近代」という名の「モダン」の基準を取り払った。当時の日本の人文科学者たちにとっては突然開かれた扉だ。

特に、それまで「傍流」であり「周辺」「周縁」「境界領域」であった「非キリスト教文化圏」の文化や学問の伝統がポスト・モダンの中では「平等」となるばかりか新しい知見を提供する鍵となり得るからだ。それまで「西洋」科学の翻訳・流用を中心にして、西洋科学界に認めてもらうことを目指していたのが、人類ベースでの鉱脈のありかとして認められたかのようだった。

とはいっても、そもそも、ルネサンスと産業革命以来の「人間機械論」(人間を機械に見立てる思想や立場)から脱却すべきであるという考え方自体が、典型的な「西洋科学史・科学哲学」の文脈上に現れたものだ。キリスト教的、特にプロテスタント的進歩、完成に向かう努力論が「近代科学産業」の発展に貢献して、それがグローバル・スタンダード化していく必然的な情況に対する反動でもあった。

もともと、グローバリズムへの反動は、日本のような国においては、必ず、「いや、悠久の東洋はそういう人間中心主義ではなく、アニミズム的な自然との共生が……」などという伝統回帰とナショナリズムがミックスされたようなコメントとして発せられるのが常だった。それが、西洋自身のポスト・モダンによる「西洋中心世界観」の脱構築、解体によって非キリスト教文化圏の人文学者も初めて同じステージに立てると思えたのだ。

「先進国」ポスト・モダンの論客たちは、こうして、精神医学の用語や一神教ではない宗教の用語も駆使して、多様で学際的でフラットなポスト・モダンの潮流を、国際的・学際的に作り上げていくことになった。

クーンの「パラダイム・シフト」理論

人文系知識人がポスト・モダンの潮流に乗り出す後押しをしたもう一つの出来事がある。「自然科学」と「超自然学」「超心理学」、「医学」と「代替療法」などが一応の棲み分けに至ったかに見えていた「西洋」で、人文科学の世界に突然大きな石が投じられた事件だ。

それはトマス・クーンの『科学革命の構造』が一九六二年に刊行されたことだった。科学の発展の歴史とは、一定して累積的なのではなく、断続的に、時々、根本的な変化「パラダイム・シフト」が起こることの積み重なりだという主張であり、この書によってパラダイムの変革という考え方があっという間に広がった。

科学の「パラダイム」というのは、研究の枠組みという意味であり、自然観を含むばかりでなく、それまでの理論や方法、既述の形式までが含まれる。近代科学では主観を排した説明可能な「合理主義」と「進歩主義」がその枠組みを作っていたが、量子力学などの登場によって累進的な蓄積という考えが覆った。同時に、パラダイムが変わった後の世界と前の世界では概念の意味が変わるので「通約可能性」(異なるパラダイム同士で、概念間の対応がうまくできること)が途絶える、つまり新旧理論の間では言葉が通じなくなるというのだ。

とはいっても、すでに一八世紀のヴォルテールでさえ「理性が進歩すればするほど狂信主義が歯ぎしりする」と言ったように、科学で説明できない「奇跡」に憧れる人々の気持ちはずっと続いていた。クーンの前、一九四八年にはすでに「サイバネティクス」と呼ばれる生理学と機械工学、システム工学を結びつける技術分野も登場してはいた。それが今の「サイバー(電脳)空間」にもつながることになるのだが、それは「発展」の可能性を意味しても枠組み全体が変わるとは意識されていなかった。

クーンの「パラダイム・シフト」理論は、個々の自然科学者の世界観に大きな影響を与えたわけではない。実際の最先端の研究現場では、自然科学の理論自体が実はもともと柔軟性と自由度を持っているのは自明だからだ。研究が進めば進むほど未知のもの、説明不可能なゾーンが広がることを科学者たちは体験的に知っている。しかも、科学者は「スピリチュアル」探求者たちのように「宇宙の究極真理」への到達・解明を標榜しているわけではない。具体的な問題の解答を求めているだけだ。

メスメルの昔から、科学界を硬直させ閉鎖的にしているものは、既成エスタブリッシュメントの「権威」維持や、特許獲得や兵器産業への応用などをめぐる政治的・経済的な利権の獲得という地平なのだ。

実際は、「古いパラダイム」の科学で得られた「問題の回答」や知識は、「新しいパラダイム」のもとでも使うことができるばかりか、知識や理論が累積することで安定性を増しながら豊かになっていく。ミクロの世界やマクロの世界が開かれたといっても、従来の可視化できる世界で通用していた理論が無効になるということはない。

新旧理論は一方を選択できるようなものでなく、新理論は旧理論を抱合《ほうごう》している。旧理論は新理論の中で理解できるが、その逆は成り立たない。また、一九八〇年代にできた素粒子物理学の「標準模型」などがあっても、いまだ「万物」を説明する統一理論とはなっていない。

今の最先端の科学教育の現場においても、学生はまず、大小多数のパラダイムを学ぶ必要がある。非相対論的力学（古典力学）と相対論的力学、非相対論的量子力学と相対論的量子力学という大パラダイムの梗概《こうがい》を理解する過程において、ニュートンの古典力学を放棄する必要はない。

というわけで、自然科学界ではほとんど黙視されたクーン（クーンも反論を受けて一部を撤回している）の「パラダイム・シフト」だが、前述したように、ポスト・モダンの論調の中では、人文科学者に重宝されて大いに使い回されることになった。最先端科学の学術語が人文科学の領域で自由に飛び交うことになったのだ。

それは知的な分野だけではなく、思想的・政治的な分野にも広がった。不確定理論やビッグバンやブラックホールからフラクタル理論やカタストロフィ理論まで、物理学や数学の公準を適用してみせるのが一種の流行になった。

フランスのように、「インテリ＝左翼＝無神論」というとらえ方が根付いていた国でも、伝統的なカトリック教会には背を向ける知識人たちが、最先端科学の用語をちりばめながら、ニューエイジがらみの「スピリチュアル」に近づいていき、やがて「神」や「瞑想」や「神秘主義」さえ口にするようになった。といっても、ポスト・モダンの思潮における「神」や「宗教」や「神秘主義」は、何よりも一つの「記号」だった。それらの言葉が本来持っていたはずの「畏《おそ》れ」が欠如しているのだ。

「神」や「宗教」や「神秘主義」はフォークロアであったり、サブカルチャーであったり、一部のカルト宗教がそうであるようにマルチ・ナショナル（多国籍）の一大産業にまでなったりした。ポスト・モダンは、疑似科学が超自然や超能力を世俗化してきた歴史の中でより洗練されたレトリックを弄するようになった。

ソーカル事件とライン博士の転向

超自然や超能力が世俗化された歴史の中で、ポスト・モダンが洗練されたレトリックを使うようになった状況を背景にした象徴的な事件が、一九九六年のソーカル事件だ。

米国ノースカロライナ州デューク大学の雑誌『SOCIAL TEXT』にニューヨーク大学物理学科のアラン・ソーカル教授が「限界の侵犯 量子重力の変異注解序論」という論文を発表した。物理学と数学を駆使して難解極まる膨大な論を展開した末に、「現実（リアリティ）の不在」を証明したのだ。

誰もそれが詭弁だと切り捨てなかった。ポスト・モダンの流れの中でいたってまじめに受容されたかに見えた。ところがソーカルは、ほどなくその論文がパロディであったことを告白し、物理学者ならこの論文の二つ目のパラグラフを読んだだけでその荒唐無稽さに失笑するだろうと言った。つまり、人文系のインテリたちが一知半解の科学知識をご都合主義的に振り回して人文思想の中で使い回す傾向を揶揄したわけだ。

ソーカルはその後もう一人の物理学者ブリクモントとの共著で、主としてフランスのポスト・モダンを代表するインテリたちの「科学」的ディスクールの学問的粗暴さをあげつらって、その過ちを指摘した。ラカンからボードリヤールまでを詐欺師扱いし、ポスト・モダンの思想界に一大波紋を起こした。特に一九六八年五月革命以降のフランス思想界には、安易な学際主義が広がって、理科系と文科系にまたがる広く浅いマルチタレントが増え、ポスト・モダン独特の相対主義が次第に蒙昧主義に陥ったことを批判したのだ。

実は、ソーカル事件の舞台となったデューク大学こそ、超自然の疑似科学化の出発点となった歴史的な大学だ。ライン博士が世界で初めて超心理学（パラサイコロジーという名は一八八九年にベルリンの心理学者デソワールによって命名された）の研究室を設けたのだ。

植物生理学の学生だったラインは、一九二二年にシカゴでコナン・ドイルによる心霊術についての講演を聞き、物理学的世界の他に別の次元があることを確信するようになった。植物生理学をやる前は牧師を志してウースター・カレッジで一年間神学を専攻したというから、もともと唯物論的なタイプの科学者ではなかったのだろう。

レディ・ワンダーという雌馬《めすうま》が飼い主の思念する字や数字をテレパシーでキャッチして鼻面で正しい積み木を指すというショーを見たラインは、心理学の雑誌にテレパシーについての論文を二つ発表した。このショーがインチキだったことが暴露された後も、ラインは雌馬がテレパシーの能力を途中で失ったのでインチキせざるを得なくなったのだと解釈した。

他の霊媒実験や、聖母ご出現などでも、異界と交信していたはずの霊媒や見神者たちが、それが偽りだったと後日認めるケースは決して少なくないのだが、だからといって人々がすぐ夢から覚めるということはない。一度確信した「真実」にいつまでもこだわり続ける心理の慣性が働き続けるのだ。

ライン博士はその後、今度はエクトプラズムを操るウォルター・レヴィというインチキ霊媒に入れあげた後、さすがに方向を修正した。超能力を感覚器官外の知覚であるESPに絞って、五枚のカードに描かれた単純な形を、見ないで当てさせるという有名な実験を開始したのだ。

トリックの入る余地のない「科学的」な厳密さの中で行われたこの実験は、有意の結果が出なかったのだが、そのおかげで想定されていたESPという考え方自体はすっかり市民権を得てしまった。現代にまで続く科学と神秘の拮抗の一つの拠点である大学からソーカル論文が発信されたのは皮肉でもある。

第二のソーカル事件とポスト・「ポスト・モダン」

二〇一八年の秋、ソーカル事件を彷彿《ほうふつ》とさせる事件が起こった。男性二人と女性一人の三人の研究者が、偽名で学術的に破綻している論文二〇本を意図的にフェミニズム哲学などの学術誌に投稿して、そのうちの七本が査読を通過して掲載されたことを公表したのだ（https://areomagazine.com/2018/10/02/academic-grievance-studies-and-the-corruption-of-scholarship/）。

「ジェンダー研究などの分野で進行中の問題」を憂慮しての実験だったという。進行中の問題とは、大学の人文系学部での学問研究において、学問的な真理の探求よりも差別やキャンセル・カルチャーなどの社会的苦情に対処することに重点が置かれるようになったことだ。学者たちはロビー活動に支えられた自分たちの世界観を学生や大学行政管理者に無理やり押し付けるようになっていた。

三人の研究者は、その事態を批判する目的で、大規模な疑似論文の投稿という手段によって大学の学問的腐敗状況を暴き、改善を訴えたのだという。学問研究は「社会構築論的詭弁を排し、党派に左右されない厳密な知識の生成（rigorous, non-partisan knowledge production）を目指すべき」であると主張した。

ところが、この発表から二ヶ月ほどは、マスメディアを通してそれなりの反響があったものの、結局、ソーカル事件ほどには話題が広がらないままで終わった。言い換えると、ソーカル事件が話題になったとはいっても、ソーカルらの科学論議は、「アメリカの大学におけるアイデンティティにまつわるイデオロギー支配」という学問的姿勢の改善にはいまだ届いていなかったということだ。

「絶対の真理など存在しない」とすべてを相対化するポスト・モダンの学者たちの影響は続き、アイデンティティの問題は、ＬＧＢＴなど性的少数者、黒人や女性など人種的少数者や被差別者などへとロビーが細分化しながら広がって、圧倒的な多数派になっている。

第二のソーカル事件の三人組は、この圧倒的多数派に対して啓蒙主義的、普遍主義的なモダニズムをもう一度かざして挑んでみたわけだが、ポスト・モダンで生まれた共同体分派主義の壁を破ることができなかったというわけだ。

ポスト・モダンによる「脱構築」の試みを担ったのは、世界を解釈する営みの一つに過ぎない自然科学が、社会学や人類学に優越すると騙してきたと主張する人文学者たちであった。加えて、科学の権力組織が男性支配体制の根源であるとするフェミニストたちでもあった。「科学と経験的事実」は白人父権政治体制による圧政の道具なのだと批判する思想運動は、それまでの「象牙の塔」内の科学のイメージをすっかり変革してしまったのち、自らが信奉する「多様性」を否定する主張を排除する新たな「象牙の塔」となった。

ポスト・モダンの相対主義は、文系と芸術のエスタブリッシュメントが認めるドグマのようになった後、今や科学・技術・工学・数学の教育分野まで影響を与えつつある。その中で脈打つスピリチュアリティにおいて、神やオカルトの占める位置を探り続けることは人間性の秘密に迫る試みなのかもしれない。

ポスト・モダン思想の全盛の頃によく使われた言葉に「境界領域」と「両義性」というものがあった。「多様性」とは多様なもの同士の分断でも、同等の権利獲得の争いでもなく、異なるものの境界領域で成立する何か、二元論を無化する何かを前提としているという直感があったのだ。ポスト・「ポスト・モダン」の時代はその直感をもう一度取り戻す必要がある。あらゆる時代を生き延びたオカルトの中に、はたしてそのヒントはあるのだろうか。

医師の父親とシャーマンの息子

二一世紀に変異しつつあるオカルト2・0が、個人がばらばらに幸福を求めて連帯を失い地球環境と共に崩壊に向かっているかのような世界で、ポジティヴに働く可能性をうかがわせている例を一つ挙げよう。

ある父親とシャーマンの息子が意見を交わした『シャーマンと医師』(Arthur Laurent、Stéphane Laurent

《Le chamane et le médecin》 ed. Odile Jacob）という本は、科学とオカルトがパラレルでもなく裏表でもなく協調することが可能だと期待を持たせてくれる例だ。

ローラン家は一〇代続く医者の家系で、一六世紀にはいわゆる床屋外科医だった。父親のステファンも、最初は物理学に興味を持ったが、家の伝統に従って医学部に進み、循環器外科医の他に循環器薬学研究者としても指導的な経歴の持ち主だ。

ところが息子のアルチュールは一一歳の時にベネズエラとブラジルの国境地帯に住むヤノマミ族に関心を持ち、経済学の学生だった時代にはメキシコでシャーマンの儀式に参加した。その体験後に、人類学と政治学に転向し、社会学で博士号を取得した。

その後、ペルー南部のクスコでシピポ族のドン・ペドロに出会い、シャーマンの訓練を受ける。現地で一五年暮らし、環境保護団体も立ち上げた。

シャーマンによる「癒し」に先立つ診断には一連の儀式があり、幻覚作用のあるアヤワスカによって得られるトランス状態が必要とされる。その後で、動植物由来のさまざまな薬が処方されるのだ。

アヤワスカ自体も、一定の手続きによって調合される飲料で、変性意識状態を招き、ペルーの先住民族の「シャーマン＝呪術師」は、儀式と共にこれを服用することでさまざまな「呪い」をかける能力を得たとされる。アヤワスカは、二〇〇八年にペルー政府によって、国家文化遺産の一部であることを宣言されたほど認知度が高い。

タバコ、コーヒー、カカオなど、精神作用があり依存性もあるアメリカ大陸の産物はまたたくまに「西洋」

を席巻したが、「呪術」と深く結びついたアヤワスカは、いわゆる「商品」としては流通しなかった。その後いろいろな成分の分析が進んで、アヤワスカには変性意識を招く作用があり、鎮痛作用があることも明らかになっている。同じ成分を組み合わせることで二〇世紀のサイケデリック・カルチャーの中で使われたこともある。

薬としては、他の薬や飲食物とさまざまな相互作用を引き起こすことが知られていて、実際に儀式を行うシャーマンの場合は、断食も含む厳しい禁欲的な生活を自分に課すことで副作用のリスクを避けていることがわかっている。

ドン・ペドロは、「トランス」とはエスプリを助け、見つめ、癒し、自由にしてやること、心を開いてエスプリを再びまっすぐにすること、だと形容する。

診断にトランスが必要だという考え方は、各地のシャーマン治療師に共通したものだ。フランスの大学病院にも、薬で対応できない痛みの患者のもとにシャーマンを招いた例がある。自らがシャーマンによって痛みを取り除かれたというドキュメンタリー監督が、フランス中の大学に打診した中、ランス大学だけが実験に応じてくれた（フランスでは医学部は国立大学にしかなく中央集権が徹底している）。

それを引き受けたランス大学病院の麻酔医で疼痛《とうつう》治療科のフレデリック・アーント（Frédérique ARNDT）がなによりも驚いたのは、慢性痛の患者たちにネパールのシャーマンによる治療を提案した時にそれを拒否されたことがないということだった。あらゆる標準医療を受けても痛みが改善しない人が「何でもやってみる」というのはありがちだし、それが病院内で主治医の立会いのもとでというなら信頼されるのは驚くほどでもないと思うが、医師の側の先入観の方がむしろ大きいのかもしれない。

家系三代目だというネパール人のシャーマンは、疼痛の治療には、それのもとになっている震源地を知る必要があり、それにはトランスによる全身のスキャンが必要だという。慢性痛に悩まされる状態に至った複雑な状態を解きほぐして、その「種」となるものが体、または心のどこにあるかを突き止めることが「診断」なのだ。

フランスの医学部では「瞑想」の方法論も組み入れられているように、心身医学自体は拒絶されていない。他の国では「偽薬」とされていることもあるホメオパシー（類似療法）の治療薬（病のもととなる植物・動物組織・鉱物などを水で一〇〇倍に希釈して振盪《しんとう》する作業を繰り返して作った水を、砂糖玉に浸み込ませたもの。物質の濃度はゼロに近いので副作用はないが、波動の記憶が残っているといわれる）も医師の処方の対象にもなる場合があるし、薬局で安価に売られている。

内科医でホメオパシーを学ぶ者も少なくない。プラセーボ効果の他に、乳児の口内炎などの炎症に速やかに効くこともあるし、犬や猫に処方する獣医もいるし、小児の抜歯をする前の鎮静剤として歯科医に利用されるなどしている。「科学的に証明される副作用がゼロでさえあれば導入する」という柔軟性がある。言い換えると、フランスでは医学と教育には社会主義の伝統が強いので、正式に介入することによってホメオパシーが偽薬ビジネスになるリスクを防いでいるわけだ。

もっとも、ランス大学病院での試みに参加したシャーマンは手で触ったりチベット・ボウル（シンギング・ボウル）を擦ったり鐘を鳴らしたりなどで患者の治療に当たったが、幻覚剤などは使用していない。だからこそフランス医学の「許容範囲」だったといえる。また、インドや中国の「東洋医学」との交流の歴史は長く、薬物を介在させない「禅」や「ヨガ」や「太極拳」は健康法として広く知られているし、六八年五月革命以降の、カトリック教会離れをした「インテリ＝左翼＝無神論」者たちの共感も得てきた。

それに対して、嗜好品は別として、アメリカ大陸先住民から伝わった薬物や医術は一般に懐疑的に見られてきた。アヤワスカのような幻覚剤に対してはなおさらで、アヤワスカはフランスでは使用が禁止されている。一般に、認可されているさまざまな向精神薬（抗うつ薬、抗不安薬、睡眠薬など精神機能に変化を及ぼすもの）も、副作用の問題や他の薬、食べ物との関係に注意が必要だが、アヤワスカはさらに複雑な条件を満たさずに服用すると、中枢神経を侵したり、依存症を招いたりするリスクがあるとされるからだ。

『シャーマンと医師』の共著者であるローラン父子による徹底的な意見の交換や実践の「すりあわせ」は画期的なものだ。それまで「代替医療」「偽医療」「迷信」「呪術」であるとされてきた世界と、「西洋医学」（といってもその長い歴史は民間療法とアカデミックな理論とのハイブリッドなものである）の世界の境界を根本的に超える「人間の術」の試みだといえるだろう。ヨーロッパにとってまさに地球の反対側である南米の医術が、陰に隠れたオカルトの立場から離れようとしている。

それは同時に、偏狭な科学主義への反動として生まれた「代替医療こそがホーリスティックな全人医療だ」とするイデオロギーの終焉でもある。全人医療には「標準と代替」という「光と影の戦い」などがあるわけもない。人間の術は、あらゆるところからインスピレーションを得るために絶えず模索されている。

終章　オカルト2・0総論

ルネ・ゲノンとユリウス・エヴォラ

この本は、「オカルティズム」と括られてきたさまざまな流れを文化現象として解明しながら、時として終末論的不安が煽られる二一世紀の情報社会において、過去のオカルトの進化系であるオカルト2・0を新しい視点に立った新しい方法論として提示するために書かれた。

カタカナの「オカルト」は、日本のサブカルチャーの中で定着してきたが、一神教的文化圏においての認識と多神教的・アニミズム的文化圏とでは、まったく異なる受け取り方と発展の仕方を見せた。また、一神教的文化圏内部にあっても、特に「近代世界」を科学技術的に牽引した「西洋」のキリスト教文化圏においては、ローマ・カトリック文化圏とプロテスタント文化圏では異なる理解、異なる展開を見せてきた。

そのような「似て非なるもの」がグローバリゼーションとデジタル化の情報拡大によって、無差別に拡散され、ある時はオカルト映画のような娯楽としてのフィクション、ヴァーチャル・リアリティという消費財となり、ある時は教祖の超能力を掲げるカルト宗教のプロパガンダとして歪曲されたレトリックとなり、ある時は環境保護意識の覚醒に乗じた原理主義的政治イデオロギーとなるなどの混沌状態を呈している。

中世までのキリスト教文化圏では裏側に隠れた潮流として補完的に存在していたオカルトは、ルネサンスを経た後の宗教革命の中で大きく分かれた。もともとオカルトをキリスト教以前の「陰の文化」として飼い慣らしてきたカトリック世界では、それを表の世界に組み入れるための試行錯誤があったが、「迷信」を廃したプロテスタンティズムはそれをとりあえず封印した。その結果、近代のエゾテリスムはカトリック世界で理論化された。

その代表が、フランスのルネ・ゲノン（一八八六－一九五一）とイタリアのユリウス・エヴォラ（一八九八－一九七四）という二人のエゾテリスム研究者、神秘思想家によるものである。彼らは、それまでばらばらだった非西洋の秘教やオカルトを、人類学的な普遍に統合しようとした。ルネサンスの時代にも、古代ギリシャやエジプトの神話や宗教や死生観、儀式、ユダヤの数秘術カバラなどをキリスト教の源流に取り入れることで、すべての宗教のもととなる永遠の哲学（フィロソフィア・ペレンニス）を想定した研究が盛んになっていたが、その精神を受け継いだ拡大版だといえるだろう。

ルネサンス以降、宗教戦争によるヨーロッパキリスト教の分裂と「新大陸」への棲み分けを経て、西洋世界における「キリスト教の神離れ」「霊性離れ」は加速していった。ある意味で表向きの「枷《かせ》」が外れた西洋は、それまで主として「宣教」や「搾取」や「貿易」の対象だった東洋＝「非キリスト教世界」の秘教や秘術を積極的に取り入れることになった。それはすべての人類の根源に迫る普遍性の追求であった（東洋医学や禅や太極拳への接近など）と同時に、ある種の「教祖」にとっては、未知の世界の知恵に通ずるという「権威付け」ともなった（神智学にとっての東洋の叡智など）。

非キリスト教文化圏の中でも、宗教や宇宙進化論（コスモゴニー）が主として口承である文化と、文字によって記されている文化がある。「西洋人」はまず文字のある文明における宗教や宇宙論を文献学的に研究した（中国やインドのもの）。やがて、文化人類学と民俗学という二つの学問、抽象的な理論でも文献学でも実験科学でもなく、生活に根差した観察とフィールドワークを基盤にした学問が生まれた。そのことが「新しいオカルト」を可能にした。

レヴィ＝ストロースやジェームズ・フレイザーに代表される文化人類学と民俗学が学問として認知されてからは、それまでの工業の発展、産業の成長、国力の拡大というプロテスタント型「西洋近代」が主導してきた「大きな物語」の見直しが迫られることになり、ポスト・モダンの時代が始まった。非西洋世界における「生産力の増大」と「富の蓄積」が高まると共に、西洋近代の建前であった「自由」や「民主主義」という概念自体も、西洋近代の覇権の終焉に拍車をかけた。

人類の多様な文化、社会の間には「優劣」など存在しないことが自明として認識されることと並行して、西洋近代が過去に、異教、蒙昧として葬ってきた自らの文化の残滓《ざんし》も、復権を求めるようになる。それが最も自由な形で行われたのが、もはや隠れた伝統ではなく自己を演出し承認を要求する「運動」としての新しいオカルトだったのだ。

日本と西洋の「新しいオカルト」

西洋近代の路線を採用して「成長」路線を駆け抜けてきた日本は、「一神教文化」からは距離をとりながらも、そのヴァリエーションとでもいうべき指導者の神格化や独裁化を図ることで「西洋列強」に対抗してきた。「欧化」によって「大国」になる過程で「国家神道」を立ち上げたものの、さしあたっての政治の脅威とならない限りの「民俗文化」は温存されてきた（家制度における冠婚葬祭や地域の氏神の祭礼、季節の行事など）。

建前としての人種差別を唱えない「キリスト教」や「共産主義」を取り入れることで西洋と対等に向き合う拠り所にしようとする思想家（内村鑑三や幸徳秋水など）はいても、西洋由来のオカルトが「運動」となる必要はなかった。

その傾向が続いたことで、第二次世界大戦の敗戦後に「国家神道」が廃されてアメリカ文化が席巻した後も、西洋のオカルトは主としてサブカルチャーの中で消費されるようになった。その消費が拡大すると共に、日本の古代、他の東洋や西洋の古代から近未来の宇宙人文化までを網羅するハイブリッドでヴァーチャルなオカルト世界が広がった（ゲームでいえば『ファイナルファンタジー』『モンスターハンター』など、コミックなら『聖闘士星矢』『ベルセルク』など）。アニメ、マンガ、ゲームなどを通した一種のエンターテインメントと化したオカルトと、既存宗教の神話や聖地や奇跡を掘り起こし、超常現象を収集し、解析するマニアックなオカルトが定着し、共生しているような光景だ。

ところが、西洋の「新しいオカルト」は同じ道をたどらない。宗教改革で、プロテスタントが、それまで温存されていたローマ・カトリックによる安定したシンクレティズムの世界を否定したことは前述の通りである。そのような近代西洋の「神なき覇権主義」に対抗するカウンターカルチャーとして「新しいオカルト」が存在感を増していった。

ところが、そのような、多様でいい、個人主義でもいい、という傾向が新たな危機を生むことになった。ポスト・モダンで失った「大きな物語」の代わりになるものが見つからないまま分断された世界が、「多様」というより、ばらばらのカオス（混沌）の様相を呈するようになったのだ。

そのカオスを前にして、その反動による新たなファシズム（民族主義、一党独裁主義など）や人種差別やキャンセル・カルチャーが次々と生まれた。「普遍」的だと称する人権主義によっていろいろな所業やシステムが断罪されるようにもなる。

日本では、その状態を見て「西洋に押しつけられた普遍主義」だと批判する声も上がるが、その場合の「普遍」とは覇権主義、帝国主義によって押しつけられる「普遍」だ。近代アングロサクソン起源だといえる。

一方、フランスの共和国主義には「カトリック」から分派したのではなく「脱皮」した普遍主義がある。世界人権宣言にあるように、すべての人類に同等の尊厳があり生存権があるというものだ。

出自に関わりなくすべての人を対象にして「救う」という普遍宗教の「普遍」が、歴史の中で政治や支配の道具となって変質してしまったことを反省し批判し、ヒューマニズムに基づいて新たに宣言された「普遍」である。そこには本来「ヒエラルキー」が存在しないばかりか、相対的弱者の生きる権利を「為政者」が守るのだという基本があった。既成宗教に色付けられた「神」という言葉は使わないが、個々の人間や共同体の利害を超えた「共生の価値」が想定されている。

それはもとはといえば原初のキリスト教の価値観でもあった。民族宗教や仏教など他の「普遍宗教」の創始者や指導者は、権威や威光を付与されて表現されるのが一般的だったが、キリスト教のイエスは特殊だった。自分の生きていた社会の規則や価値観、権威者の要求や賞罰主義などに従わず、個々の「人間」の状況に寄り添って生きた結果、当然のごとく逮捕され、政治犯として処刑された。その後に生まれた原始キリスト教共同体は個人の富や権威を否定する「共産制」だった。

その後、ローマ帝国の覇権的な意味での「普遍」に組み込まれたことで、キリスト教ヨーロッパが形成されたのだが、政治犯として処刑されているイエスの磔刑像を今でも掲げているのは衝撃的ですらある（東方正教会では復活の栄光の姿がキリスト像の基本だ）。

実は、フランス革命も、国王を処刑するというトラウマの中に「犠牲の羊」の聖性を記憶している。だからこそ、教会を弾圧した革命後のフランス共和国の「普遍主義」は、無神論ではなく、理性の女神などに表現された「超越神」だったのだ。特定の人間や組織に「絶対権力」を付与しないという予防でもある。

フランスでは今でも人種による統計が公式に禁止されていて、ヨーロッパでも突出して「国際結婚」「異人種間結婚」、それに準ずる家族が多いのは偶然ではない（キリスト教文化圏出身ではなく、白人でもない日本人が、暮らしているだけで共和国市民、フランス人として遇されることは、日本文化への憧憬の実態と共に実感できることである）。

とはいえ、そのような絶対の普遍とは、まさに「超越」も含めた「すべて」を指すものだから、具体的に実現したり実践したり表現することは不可能だ。結局、普遍主義に基づいているはずの多様性と個人主義が、グローバリゼーションの時代にはカオスとなり果てていったという状況は、アングロサクソン国と変わりはない。

その中での相対的弱者が政府に異を唱えたり叛乱を起こしたりする状況は増えている。「多様」な共同体がそれぞれの利益誘導をするロビー活動は、フランス型の普遍主義と相容れない。その反動で、ナショナリズムや保守イデオロギーが台頭するなど、社会の分断が起こりつつある。

実は、この現象はすでに、この章の冒頭に挙げた近代オカルトの創始者の一人であるユリウス・エヴォラにも見られた。ローマ・カトリックから離れ、世界の神秘思想を渉猟《しょうりょう》し、宗教儀式のシンボリズムの膨大な研究も残してミルチャ・エリアーデにも大きな影響を与えたエヴォラも、二度の世界大戦の間のヨーロッパの混迷期を生きているうちに、結局、「メティサージュ（異種混淆）がよくない」という主張をするに至った。

ユリウス・エヴォラは実際には禅など仏教にも傾倒して瞑想など実践もしていたのにもかかわらず、二度目の世界大戦を避ける「平和」のためには、統合と統制が必要だと考えたのだ。彼は北方神話やゲルマン神話にも造詣が深く、古代地中海文化に精通していながらアーリア人種の優越まで唱えて、結局ムッソリーニのファシスト政権に加担するという経緯をたどった。「超越」の観点を失って、同時代の手の届く場所にカオスからの脱出を求めたという顛末だ。

カオスからの脱出とは何かというと、「コスモス」の創出ということである。コスモスというのは、普遍（ウニベルシタス、ここでは超越も含むすべて）に秩序を与えるという意味だ。覇権的秩序をもってコスモスだとした文明もあったが、それは「普遍」の「読み方」の一つに過ぎない。

宇宙には法則性がある、一定の秩序が存在するということで、一神教の創造神はカオスをコスモスに組み立てては、その仕上がりに満足したとなっている（化粧品などに使われる「コスメティック」という言葉も、同じ語源で、手入れしなければ「カオス」となりうる「顔面」に秩序を与えるという含意があるわけだ）。

オカルト2・0はアート

今や、覇権的秩序も、共産的秩序も、宗教的秩序も、近代ヒューマニズムさえも崩れてしまった世界には、多様性というカオスが渦巻いている。そんな多様性の極みに現れた現象がオカルト2・0だが、見方によっては、ばらばらの個人が端末などを通して接触できるようになった「超越への扉」ともいえるのではないだろうか。

科学の発展が「不確定性原理」などによって新しい地平に到達したことと、文化人類学や民俗学の知識による「価値の相対化」が起こったことは、世界観に二つの根源的な変化をもたらした。

一つは、近代における努力義務であり強迫観念にすらなっていた連続的・線的な進歩や成長、発展という要素の必然性が大きく揺らいだことだ。もう一つは、やはり線的な「因果関係」という観念が崩れたことだ。

科学的な原因と結果の関係は不確定になり、「誰でも生まれて死ぬ」というのを見てきた経験から導かれた「因果応報」や「賞罰」の理屈も保てなくなった。明快に見えていた進化論は、エピジェネティクス（遺伝子表現の後天的変化）の発見によって、「モザイク型」進化論となった。遺伝だけではなく、「複雑系科学」の登場で、すべての現象は単純で合理的な予測を超えたものだとわかってきた。

この「モザイク」という比喩を敷衍《ふえん》してみよう。モザイク画というものがある。一つひとつの小片は、色も形も位置も違うが、隣り合う小片との関係性と、全体との関係性を同時に持っている。モザイク画が成り立つためには、すべての小片が同じものであってはならないし、必ずしも隙間なく隣り合っている必要もない。

オカルト2・0は多様であるし、さまざまな変種がひしめいている。そのうちのどれにどのようにどの程度アプローチするかというのも多様だ。膨大なデジタル空間に膨大な情報があふれているのでヴァーチャルな

「仲間」ができることもあるだろうし、自分から何かを発信することもできるだろう。自室でロウソクを立ててカード占いをしている人もいるだろうし、占い師に心配事を相談する人もいるだろう。

誰もが「自分」のことに関心を持ってばらばらのように見えるけれど、共通点はある。今ここでは見えていないけれど、見えない世界に何かが隠れているという直感と無縁ではないということだ。その直感は「希望」につながらないだろうか。

交霊術の「死者との対話」には特徴がある。「対話」はあっても「議論」がないということだ。同じ土俵で向き合っているわけではないので、自分の言うことを「正当化」したり相手を「論破」したりする必要がないということでもある。

同じように、オカルト2・0を通じて「希望」という名のモザイク画を描く時に、自分のポジションを正当化したり固執したりする必要はない。多様なミクロコスモスがひしめくというカオスの中で、互いに緩いつながりを繰り返し維持しながら、マクロコスモスへというモザイク画の完成図イメージを共有するだけでいい。

オカルトは、いつの時代にも表向きの「今・ここ・自分」を超える何かへの憧憬と直感に結びついていた。そんなミクロコスモスであるからこそ、独特の協調が可能になる。

他のミクロコスモスである家族や地域、職場や政党などでの人のつながりでは「顔が見える」ことでしがらみも生まれるし「他者」からどう見られるかが行動を制御する。オカルトの世界が「隠れた世界」だった頃は、「表の世界」の圧力を受けない「安全圏」にあって、一種のバランス（日常と非日常、ハレとケなど）をとっていた。そのオカルトが表の世界をインスパイアして豊かにしたこともあるし、表の世界から利用されたこと

（為政者がオカルトを利用して自らを神格化するなど）もあるし、表の世界の利害や秩序の脅威であるとされて迫害されたこともある。

けれどもオカルト2・0はもはや「隠れた世界」ではない。多様性を極めた複雑系であり、「表の世界」を超えた聖なるものとの境界ゾーンで、いわば「遊びの部分」を自由に浮遊している。避けなければならないオカルトは、「表の世界」での利得追求のために「教祖」や「カリスマ」や「生き神」を立てて「信者」を増やすタイプのもので、それはすでに「境界ゾーン」ではない。

超越を求める心にとって一番危険な誘惑はいつの時代も偶像崇拝だった。教祖だけではなく、一部の若者たちは「自然」や「土地」に超越を託して崇める儀式をすることさえある。線的な進歩や成長が続くという大きな物語が破綻しているにもかかわらず、今度は「持続可能な」という形容詞を加えた新しい教義を絶対化することもある。

それらの罠にはまらないためには、境界ゾーンに踏み留まって、どんなささやかなものでも何らかのクリエーションを自分のサイズで何度でも試みるのが最も有効だろう。そんなオカルト2・0が互いに共振することができるなら、それぞれが対話しながら連動していく大きなコスモスの一部となるだろう。

大きなモザイク画の一つのピースかもしれないし、実は大きな一つの「普遍」の体のいろいろな部分で生き、生かしている、細胞やら分子や量子のような立場なのかもしれない。

「普遍」を見渡すことはできないけれど、境界ゾーンに漂いながらさまざまな動き、波動、色や熱を感じたりすることで、「大きな命」に参入することはできる。それを果たした無数の優れたアーティストの足跡が、絵画に、オブジェに、建築に、音楽に、文学に残っている。
オカルト2・0はアートである。

あとがき

誰も「宗教」や「科学」を信じていない世界で

「絶対真理」を掲げていた宗教や科学の底で、「霊性探求」の通奏低音のように続いてきたことで、実は両者を共にインスパイアしてきたオカルトは、今決定的な変質期を迎えている。宗教も科学も、文化の多様化、宇宙的な視野とミクロな視野の拡大と共に依って立つところが揺らいだことによって、「普遍」だったものが相対化されたり、逆に権力勾配の中に組み入れられることで全体主義の口実とされたりするようになった。

同時に、オカルトも、伝統的な存在意義を失った。若者たちにとっては、もはや宗教も科学もオカルトも、「信じて受け入れる」対象にはならなくなった。彼らの見る世界の通奏低音は、今や「恐怖」と「不安」に置き換わっている。

環境破壊による文明の終焉、核戦争、パンデミー、人工知能に乗っ取られるディストピア、メディアを席巻する戦争、暴動、暴力、貧困、天災、汚職、各種ハラスメントなどのニュースを前にして、「恐怖」や「不安」

を煽られないで平常心を保つのは難しい。

もう誰も「宗教」や「科学」を本当には信じていない世界で、その両方を融合しながら、「恐怖」や「不安」の解消をビジネスにするオカルト＝カルトが現れる。その「オカルト」はもはや「秘術」でなく、隠れているのは監視の目からだけだ。

「宗教」も「科学」も「政治」も「秘儀としてのオカルト」も、その根源においては、人間のサバイバルに必要な進化から生まれた。一神教の場合は、創造神が、原初の「カオス（混沌）」から天と地を、闇と光を、陸と海を分けたとされている。「コスモス」は「秩序」として現れたわけだ。

その後、人間は、自らの生と死という実存的な問題についても、さまざまな教えや儀礼によって秩序立てて組み立ててきた歴史がある。いや、宗教も科学も政治も、人間が、まるで神のように、現実世界のカオスをコスモスの中に位置づけるために創ったという見方さえできるだろう。とはいっても、神ならぬ人間は、自分たちの手に負えるカオスだけを切り取って自分たちに都合のよいことを正当化できる小コスモスを提供してきたに過ぎない。

ところが、ある時代のある地域の「権威」が提供する「コスモス」だけでは対応できない現実は存在し続ける。キリスト教文化圏においては、権威やシステムが切り捨てた部分を拾い上げて裏から「コスモス化」することで、結果的に権威を安定させてきたのがエゾテリスム、オカルトの伝統だった。それは、隠れた並行コスモスとして実は、表向きのコスモスをしっかり裏打ちしてきたのだ。

カオスの時代にこそ「真の多様性」を示唆するオカルト2・0

すべてが与えられていてすべてとつながっているといっても、実際に人が生きて見ている世界はすでに、その時代と場所における「意味を求める精神」に適う装置として創造されているものだ。その装置の中に閉じ込められて生かされることで、個々の精神の快活さが失われて、病み、苦しむこともある。

その苦しみに意味を求めようと足掻《あが》いても、装置の中から逃れない限り、精神の病や苦しみはさらに深まることになる。病んだ精神がさらに意味を求めて自分で独自な「価値」を創造することがあったとしても、「全体」の人とのつながりはますます失われていく。

このような悪循環の中で苦しんだニーチェが、「陽気な知恵」による「大いなる健康」にたどり着いた。この世の価値に合致していなくても、自分で究めた理想を実現していなくても、外部の世界も心の内部もカオスで乱雑に見えたとしても、それを柔軟に受け止めて、苦しみが自分の中心に来ないようにする。

自分だけが完全な健康やあらゆるトラウマから解放されて完結している状態などはあり得ない。大きな健康とは、無限に小さな存在である自分が、時空も超え世界に開かれた「良好感」を獲得しようとする「意欲」そのものだ。

死、病、事故、別れなど人生には避けられない「悲劇」もあるけれど、それはある意味で単純なものだ。その他に自分でややこしくこじらせているさまざまな心理的葛藤がたくさんあって毎日の現実を汚染している。

実存的な悲劇と心理的葛藤とを分けなくてはいけない。葛藤を一つひとつ解決する「治療」を求めるのではなく、それらを抱えたままで「大いなる健康」に向かう一つの方法がオカルト2・0であるかもしれない。

歴史の中でオカルトは、隠れた場所で自己満足して現実の苦しみを忘れる手段であったり、都合のいい現実だけを都合よく切り取る道具であったりもした。けれども使いようによっては、カオスの濾過《ろか》装置になるかもしれない。

苦しみに対処する「最適解」が見つかるまで、何度も何度もカードを並べ換えてもいい。無論、時と場合によって「最適解」も変化するだろう。「希望」も「愛」も、一方的に与えられるものではなく、見つけ、育て、学ぶものなのだ。

ある音楽を愛し、メロディーを口ずさんだり、頭の中で全オーケストラを想起することができたりするためには、「音」の連なりをリズム、メロディー、ハーモニーと共に再構成しなければならない。脳内での「学習」が前提になっている。ニーチェは、音楽だけでなく私たちが愛するものすべては、同じように、未知だったものを知ることを学んだことの結果としてあるのだと言っている（『喜ばしき知恵』§334）

オカルトの世界に迷い込んで取り込まれるのとは反対に、一人ひとりの「試みる精神」に同行してくれる最適のものを豊饒なオカルト世界に探し求める営みが始まっている。長い歴史に培われて登場したオカルト2・0は、それに応えることができるのだろうか。カオスの時代に「真の多様性」とは何かを示唆するオカルトの使命に期待したい。

著者略歴

竹下節子（たけした・せつこ）

比較文化史家・バロック音楽奏者。東京大学大学院比較文学比較文化専攻修士課程修了。同博士課程、パリ大学比較文学博士課程を経て、高等研究所でカトリック史、エゾテリスム史を修める。

著書に『陰謀論にダマされるな!』（ベスト新書）、『大人のためのスピリチュアル「超」入門』（中央公論新社）、『フリーメイスン　もうひとつの近代史』（講談社）など多数。共著に『コンスピリチュアリティ入門』（創元社）ほか。

著者のホームページ https://www.setukotakeshita.com/

編集　高橋聖貴
装丁・ブックデザイン　森裕昌

叢書パルマコン・ミクロス m 07

オカルト2.0

西洋《せいよう》エゾテリスム史《し》と霊性《れいせい》の民主化《みんしゅか》

2024年4月30日　第1版第1刷発行

著　者　竹下節子
発行者　矢部敬一
発行所　株式会社創元社
https://www.sogensha.co.jp/
〔本　　社〕〒541-0047 大阪市中央区淡路町4-3-6
Tel. 06-6231-9010 Fax. 06-6233-3111
〔東京支店〕〒101-0051 東京都千代田区神田神保町1-2 田辺ビル
Tel. 03-6811-0662
印刷所　株式会社太洋社

ISBN978-4-422-70177-6 C0036